Peter Brokemper

# Klassenlehrer in der Sekundarstufe I

## Das Praxisbuch für einen anspruchsvollen Auftrag

Verlag an der Ruhr

**Titel**
Klassenlehrer in der Sekundarstufe I –
*Das Praxisbuch für einen anspruchsvollen Auftrag*

**Autor**
Peter Brokemper

**Titelbildmotiv**
© Halfpoint/Fotolia.com

**Download-Button**
© JJAVA/Fotolia.com

**Satz und Layout**
Melanie Reich, ideenreich

**Druck**
Heenemann GmbH & Co. KG, Berlin, DE

**Verlag an der Ruhr**
Mülheim an der Ruhr
www.verlagruhr.de

**Geeignet für die Klassen 5–10**


**ISBN 978-3-8346-3926-4**

Alle im Download befindlichen Dateien finden Sie unter: www.verlagruhr.de/zusatzdownloads

# Vorwort

*„Wir unterrichten Schüler, keine Fächer"*[1]

Es hätte mich vielleicht verwundern sollen, warum ich als junger Lehrer* in meiner neuen Schule so überaus herzlich von einem ansonsten eher frustriert und apathisch wirkenden Kollegium willkommen geheißen wurde. Die Schule lag in einem Problemviertel einer Großstadt und bei der Begrüßung teilte mir der Schulleiter mit, ich sei nun der neue Klassenlehrer der 9.1. Es entging mir nicht, dass sich die Kollegen vielsagende Blicke zuwarfen. Um es kurz zu machen: Meine Klasse wurde als gefürchteter „Sauhaufen" eingeschätzt und man war zutiefst erleichtert, dass sich ein junger Mensch an dieser Gruppe abarbeiten würde. Die Klasse ihrerseits hatte die Fremdeinschätzungen der anderen Lehrer schon verinnerlicht; schulterklopfend teilte man mir mit einem gewissen Stolz mit: „Wir sind die schlimmste Klasse der Schule!"

Damals war mein einziges Kapital, dass ich genau diese Altersgruppe mit ihren pubertären Ecken und Kanten mochte und sich meine Vorerfahrungen aus der Jugendarbeit als hilfreich herausstellen sollten.

Mir war völlig klar, dass ich ohne die innere Zustimmung der Jugendlichen kein Bein auf die Erde bekommen würde. Ich stellte mich also darauf ein, zu Beginn wirklich alles zu tun, um eine gute Beziehung zwischen uns aufzubauen. Um das zu erreichen, griff ich auf etwas schräge „Anfütterungs"-Methoden zurück:

- Bei Mittagshitze hielt ich den Unterricht im Schatten unter einem Baum ab. Der bald erscheinende Schulleiter kritisierte wütend: „Das können Sie nicht machen, wenn das alle täten ..." – was mich aber nicht sonderlich beeindruckte, mein stures Beharren die Schüler hingegen sehr. Ich war plötzlich zu ihrem verständnisvollen Interessenvertreter geworden.
- Es gab zunächst weniger oder keine Hausaufgaben, wenn der Unterricht erfolgreich war.
- Mit kleinen Spielen und Entspannungsübungen versuchte ich, die Stimmung zu heben, wenn das Durchhängen zur Mittagszeit begann.
- Eine recht gutmütig bewertete Arbeit gleich zu Beginn brachte Freude und Erleichterung. Die Eltern meinten: „Bei dem lernen sie was." Marcel war erfreut: „Hey, habe mich um eine Note verbessert!"
- Wertvolle Unterrichtszeit wurde vermeintlich dafür verschwendet, in lockerer Runde zwanglos Geschichten auszutauschen und Themen zu besprechen, die die Jugendlichen mehr interessierten als der Unterricht.

---

* Aus Gründen der besseren Lesbarkeit haben wir in diesem Buch durchgehend die männliche Form verwendet. Natürlich sind damit auch immer Frauen und Mädchen gemeint, also Lehrerinnen, Schülerinnen etc.

Ziel war natürlich, nach dem Aufbau des gegenseitigen Vertrauens, die Klasse zu geregelter, partizipativer und effektiver Arbeit sowie angemessenem Verhalten zu führen – was dann auch nach und nach gelang. Ab und zu gab es auch die üblichen Aussetzer und Rückfälle, aber insgesamt wurde das Zusammenleben in der Klasse zunehmend geordneter, angenehmer und heiterer. Das blieb auch den in der Klasse unterrichtenden Fachlehrern nicht verborgen.

Ein großes Manko der Lehrerausbildung besteht damals wie heute: Mit den Fragen der Klassenführung, den damit verbundenen Einstellungen, nützlichen Methoden, Organisationsfragen und Arbeitstechniken wird sich viel zu wenig befasst. Deshalb geht dieses Buch von Erfahrungen aus, die Klassenlehrer in ihrer Praxis gesammelt haben. Deren Weitergabe soll dazu führen, dass Berufsanfängern ein guter und reibungsloser Einstieg in ihr Amt als Klassenlehrer gelingt und sich langjährige Praktiker daran erinnern, wie sich das Leben als vielbeschäftigte Lehrkraft noch besser organisieren und erleichtern lässt.

Viel Erfolg wünscht Ihnen
*Peter Brokemper*

---

**Anmerkung**

Zum Buch gibt es kostenlose, editierbare Word-Dateien, die auf der Website des Verlags heruntergeladen werden können (siehe Link im Impressum S. 2). Des Weiteren finden sich im Anhang nützliche Vorlagen, die auch im Buch sinnvoll verkleinert abgebildet werden.

Alle in den Fallbeispielen verwendeten Namen sind verfremdet.

[1] Pollinger, Melanie: Lehrer unterrichten Schüler, keine Fächer. In: „Main Echo" vom 08.11.2013, *www.main-echo.de/regional/stadt-kreis-aschaffenburg/art4012,2817264*

# 1

# Klassenführung – wie macht man das?

# Eine wichtige Aufgabe wahrnehmen

An manchen Schulen ist die Vergabe der Klassenlehrerschaft lediglich eine Organisationsfrage von vielen, während gut arbeitende Schulen davon ausgehen, dass die **Klassenleitung** eine verantwortungsvolle Betreuungsaufgabe ist, die einer Klasse Struktur geben und junge Menschen in ihrer Schullaufbahn fördern und ermuntern soll – vergleichbar mit dem, was ein guter Coach in einer Mannschaft bewirken oder eine väterliche/mütterliche Vertrauensperson mit freundlichem Blick auf ihre Schutzbefohlenen tun kann.

*Lehrer mit Ansprüchen*

Das eigentlich banale Geheimnis einer erfolgreichen und nervenschonenden Klassenleitung liegt sicher zunächst in dem Grad an persönlicher Bindung, die zwischen Klasse und Klassenleitung entstehen kann – daran, ob ein Vertrauensverhältnis wachsen kann, ob die Lernenden eine Art Heimatgefühl in ihrer Klasse entwickeln können, ob die Schüler an der Klassenführung beteiligt sind und Verantwortung übernehmen.
Ein weiterer förderlicher Aspekt für eine gute Klassenführung ist eine klare Organisation, in die man wiederum die Schüler einbezieht. Fragt man Schüler, die mit ihrer Klassenleitung zufrieden sind, was sie an ihrem Lehrer schätzen, hört man: Er ist gerecht, nett, humorvoll, hört zu, versteht uns, setzt sich für uns

ein, lässt auch schon mal „fünf gerade sein", macht interessanten Unterricht (auch mal unter Vernachlässigung des Lehrplans), geht darauf ein, wenn wir mal keine Lust mehr haben oder müde sind etc.
Vieles am Verhalten des Klassenlehrers mag von eigenen Lernerfahrungen und Vorbildern beeinflusst sein. Positive Beispiele ehemaliger Lehrer und Professoren können den eigenen Stil prägen. Als „Drei Säulen guter Pädagogik"[1] werden Ermutigung, Kommunikationskultur und das Fördern von Schülerbeteiligung angesehen.
*Ich bin u. a. deshalb Lehrer geworden, weil mein ehemaliger Klassenlehrer all diese Eigenschaften hatte und in der Schule zu sein, deshalb meist eine gute Zeit war.*

Wenn von **Heterogenität der Schülerschaft** die Rede ist, geht man von Amts wegen gemeinhin von unterschiedlichen Leistungsniveaus aus. In Wirklichkeit ist das Spektrum viel größer: Wissensbasis, Interessen, Lernwege, Lern- und Arbeitsverhalten, kulturelle und soziale Herkunft, Erfahrungen und Motivation können sich in einer Klasse unterscheiden.[2] Noch gar nicht erfasst sind dabei die individuellen kindlichen bzw. jugendlichen Ängste, Wünsche und Hoffnungen, denen in der Schule Aufmerksamkeit und Respekt gezollt werden sollte, soweit man sie denn kennen kann. Es ist deshalb nicht verkehrt, sich beim Blick in die Klasse klarzumachen, dass hier nicht die 5.2. oder 9b sitzt, sondern 30 und mehr unterschiedliche Individuen versammelt sind, zumeist mit einer noch in Entwicklung befindlichen Persönlichkeit.

Andererseits sei daran erinnert, dass der Klassenlehrer nicht der Alleinverantwortliche für lernförderliche Arbeitsbedingungen sein kann. Sehr wohl kann er aber die Rolle des Steuermanns ausfüllen, der mithilfe von Zuwendung, Geduld, guter Organisation, dem Wissen um die persönlichen Hintergründe, den Stärken und Problemen der einzelnen Schüler sowie aufmerksamem Begleiten von deren Entwicklung das Klassenschiff so durch die gemeinsame Schulzeit steuert, dass diese zu einem Erfolg für alle Beteiligten werden kann. „Schule lebt nicht von hierarchischen Strukturen und dem Druck der Erziehung, sondern von Beziehung, gegenseitiger Achtung, Wertschätzung, Vertrauen und dem Bewusstsein, auch mal Fehler machen zu dürfen."[3]

In Deutschland war der Begriff **Führung** lange Zeit nicht gern gesehen. (Selbst der „Zugführer" bei der Deutschen Bahn wurde politisch korrekt in „Zug-Chef" umbenannt.) Eine Klassenleitung innezuhaben, wurde (und wird) in manchen Schulen als rein organisatorische Aufgabe verstanden, mit dem Zusatz, dass sich der Klassenlehrer um bestimmte Probleme vorrangig zu kümmern habe, z. B. um Disziplinprobleme, die in Klassenkonferenzen zu behandeln sind, oder darum, Eltern zu Klassenpflegschaftssitzungen einzuladen usw. Aber ist nicht die Übersetzung des griechischen Wortes **paidagogós** „Knaben-" bzw. „Kinder-Führer"? Dazu meint der Psychiater Dr. Joachim Bauer, Freiburg: Der Lehrer erlange Respekt und Autorität, „[…] indem er mit den Kindern Beziehung gestaltet. Er sollte authentisch und spontan, als ‚Mensch mit Eigenschaften' auftreten. Gute Lehrkräfte beachten eine Balance zwischen verstehender Zuwendung und notwendiger Führung. Zuwendung heißt: Schülerinnen und Schüler als Personen wahrnehmen, sie verstehen, sich für ihre Interessen interessieren und Humor haben. Führung heißt: Ausstrahlung zeigen, sich für Dinge begeistern können und nicht zuletzt für Werte und Leistungsziele eintreten." [4]

Zahlreiche Titel der pädagogischen Literatur tragen diesem Umstand Rechnung: „Techniken der Klassenführung" (Jacob Kounin), „Gute Lehrer müssen führen" (Günther Hoegg), „Führungskräfte im Klassenraum" (Johannes Mayr), „Fundgrube Klassenführung" (Reinhold Christiani/Klaus Martin Metzger) u. v. a. m.

„▮ Klassenführung ist eine Voraussetzung und Grundlage erfolgreichen Unterrichts und umfasst alle Handlungen von Lehrerinnen und Lehrern zur Initiierung, Anleitung, Begleitung und Evaluation der Lernprozesse von Schülern und Schülerinnen und deren Leistungen […]

▮ Klassenleitung als pädagogische Aufgabe meint das verantwortliche Handeln von Lehrkräften oder Teams für die Lern- und Leistungsentwicklung von Klassen bzw. Lerngruppen im Hinblick auf alle Unterrichtsfächer. Klassenleitung […] geht damit weit über die Klassenführung in einzelnen fachunterrichtlichen Stunden hinaus.

[…] Klassenleitungen [sollen verstanden werden] als Führungspersonen, als Mitglieder des ‚middle managements' in der Schule – ähnlich wie Jahrgangs-, Stufen oder Fachkonferenzleitungen." [5]

Eine Einschränkung (oder auch: Ergänzung) erfährt das Prinzip der Führung lediglich durch Elemente der Schüler-Autonomie, die sich z. B. im Klassenrat – dem Selbststeuerungs-Gremium der Schüler – manifestieren. Andererseits kann dieses basisdemokratische Verfahren nur funktionieren, wenn eine sensible Einführung und Einübung durch den Klassenlehrer erfolgt. Insofern muss er auch hier zunächst führen, um Vertrauen und Verantwortung aufzubauen und dann seine Schüler in größere Freiheiten zu entlassen.

Es soll und kann nun aber nicht auf all das eingegangen werden, was grundsätzlich ohnehin zu einem zeitgemäßen Unterricht gehört. In der Tat finden sich in der aktuellen Schullandschaft noch immer viele Dinge, die schon für unsere Großeltern bestimmend waren: z. B. vorwiegend frontale Unterweisung (nichts gegen gute frontale Unterrichtsphasen!), 45-Minuten-Stunden, bescheidenste – häufig veraltete – Ausstattung, Auffassung von Schülern als „Zöglingen" oder starre Fachgrenzen. Es gäbe viel auszubreiten und zu diskutieren, was Unterrichtsgestaltung, Methodenvielfalt, Motivationsaufbau, Einbezug der Schüler, sinnvolle Gestaltung und Kontrolle von Hausaufgaben u. v. a. m. betrifft.

Vorrangig soll es aber um Fragen gehen, die im engeren Sinne mit der **Klassenführung** zu tun haben. Dass hier viele Grundsätze, wie ein positives Menschenbild, Empathie, Arbeit mit Schülern auf Augenhöhe, positive Verstärkung, aber auch Regelungskompetenz und Durchsetzungsvermögen, angesprochen sind, ist dennoch bei Weitem kein Alleinstellungsmerkmal von Klassenführung. Im Gegenteil wäre es zu begrüßen, wenn bereits in allen Fachunterrichten derartige Prinzipien berücksichtigt bzw. verwirklicht würden.
In der Literatur werden nebeneinander Begriffe wie „Klassenleitung", „Klassenführung" und „Classroom-Management" verwendet. Am treffendsten scheint mir für den Klassenlehrer aber die Rollenzuschreibung des **Lernentwicklungsbegleiters**.

Die Grundfrage für Klassenlehrer lautet immer: Wie bestimme ich das Verhältnis von Führen und Verwalten, von persönlicher Fürsorge und Organisation des Schulalltags? Von vielen weiterführenden Schulen ist bekannt, dass dort mitunter ein eher administratives Verständnis von Klassenleitung gepflegt wird, weil die Bedeutung der Fachlehrer im Vordergrund steht. Der oft nur mit seinen knappen Fachstunden eingesetzte Klassenlehrer soll dann sozusagen nebenbei (!) die bürokratischen Essentials gewährleisten. Aber kann man so eine Klasse führen und formen?

Nötig hingegen wäre ein offensiv pädagogisches Amts- und Berufsverständnis. Das beinhaltet vor allen Dingen: Schüler zu coachen, ihre Eigenmotivation zu fördern, eine gute Beziehung aufzubauen, ihnen in schulischen und persönlichen Schwierigkeiten weiterzuhelfen, mit freundlicher Gelassenheit auch einmal Dinge übersehen und überhören zu wollen, humorvoll die Stimmung aufzuhellen, freundlich zugewandt zu agieren und dennoch den nötigen Abstand zu wahren und – auch wenn das etwas naiv klingen mag – den Glauben zu zeigen, dass sich immer etwas Gutes entwickeln kann. Als Anwalt seiner Klasse vertritt der Klassenlehrer offensiv deren Interessen und ist Freund seiner Schüler ohne falsche Verbrüderung. Er kann sich mit der jeweils aktuellen Lage der Schüler identifizieren, Prävention und Aufklärung organisieren.

Eine weitere wichtige – potenziell vielleicht überfordernde – Aufgabe beinhaltet, den Überblick über die allgemeinen Lebensumstände der Schüler zu behalten. Was ist mit Jerry und Sandra los? Wie ist deren häusliche Situation? Weshalb arbeitet Serkan nicht mehr mit?
Der Klassenlehrer interessiert sich also für die Zusammenhänge zwischen schulischer Leistung und persönlichem Umfeld seiner Schutzbefohlenen und kann entsprechend handeln. In manchen Fällen sind Hausbesuche bei den Erziehungsberechtigten äußert aufschlussreich, erfordern aber gesonderte Überlegungen. *(Siehe dazu „Hausbesuche" auf S. 32)*

Klassenlehrer wissen: Schüler wollen sich emotional an „ihre" Klassenleitung binden. Manche von ihnen haben zu Hause wenig zu lachen. Dort findet nicht jeder einen geneigten Zuhörer oder ein mögliches Vorbild. Wie gut wäre es, es gäbe zum Ausgleich Lehrpersonen, die sich für den Einzelnen interessieren, ihn aufbauen, fördern und stützen. Keine Frage also, dass Klassenlehrer sich als Anwälte ihrer Leute gelegentlich auch mit Fachkollegen konfrontieren müssen:

**Fallbeispiel: Pausenregel verletzt**

Ein Kollege schleppt Jens am Kragen herbei. Er habe sich wiederholt mit Leuten auf dem Schulhof gestritten und sich zudem unerlaubt im Schulflur aufgehalten. Statt Jens im gleichen Tonfall zu tadeln, frage ich ihn, wie er die Sache sehe, worauf der Kollege – einem Wutanfall nahe – meint, er habe mir bereits alles Nötige mitgeteilt. Jens bekommt dennoch die Gelegenheit, seine Version zu erzählen. Die Geschichte löst sich in Wohlgefallen auf; die Dinge verhalten sich ganz anders, als der Kollege sie wahrgenommen bzw. aus zweiter Hand gehört hat. Jens hat von da an den unerschütterlichen Eindruck, dass sein Klassenlehrer ihm bei Problemen beisteht.

Das Image eines Kassenlehrers ist in Schule und Elternschaft immer ein wichtiges Gesprächsthema: Ist er streng, aber gerecht? Nett und schülerfreundlich? Chaotisch und nicht durchsetzungsfähig? usw. Zu Recht oder Unrecht zugeordnet, haben diese Etikettierungen ziemlichen Einfluss. Nicht zuletzt zeigen sie auch, welch wichtige Rolle der Klassenführung zugeschrieben wird.

Ein Klassenlehrer sollte deshalb auch im persönlichen Auftreten überzeugen, beispielsweise

- den Klassenraum entschieden präsent betreten,
  *Nicht durch die Tür hereinschlurfen und weitgehend unsichtbar und unbeachtet bleiben!*
- einen freundlichen und zugewandten Eindruck vermitteln,
- konsequent für eine ruhige, entspannte Unterrichtssituation sorgen,
- Blickkontakt zu potenziellen Störern halten,
- im Wissen um die eigene Erziehungsaufgabe auf Provokationen ruhig reagieren usw.

Ein wichtiger Unterschied, den allerdings auch kinderliebe Kollegen beachten müssen: Klassenlehrer sind keine Eltern! Missverständlichen Körperkontakt gilt es, zu vermeiden! Gerade neu in die Schule gekommene jüngere Schüler suchen oft Nähe und kuscheln sich gern mal an ihre Bezugsperson. Kollegen haben berichtet, dass einige Fünftklässler versuchten, sich auf den Schoß setzen –

das mag ja ein Suchen nach Nähe oder ein Vertrauensbeweis sein, geht aber gar nicht! Dazu gehört übrigens auch, dass bei Gesprächen mit einzelnen Schülern – besonders bei pubertierenden – die Klassentür (halb) geöffnet bleibt oder eine weitere Person anwesend ist, wie z. B. der Co-Klassenlehrer, ein Sozialarbeiter usw.
Wer seine Kompetenzen in Bereichen wie dem Kennen der jugendlichen Psychologie, dem Anwenden aktueller Lernmethoden oder dem Durchsetzen von Disziplin etc. ausbauen möchte, müsste sich dezidiert mit den entsprechenden Fragen auseinandersetzen, die einschlägige Literatur hinzuziehen oder die passenden Fortbildungen belegen.

# Sonderstellung des Klassenlehrers

Die besondere Position des Klassenlehrers soll anhand von zwei Beispielen unterstrichen werden:

1. Jeder Lehrer ist angesprochen, für eine durchschaubare und gerechte **Notengebung** zu sorgen, bei der auch andere Aspekte als nur die mündlichen oder schriftlichen Tests eine Rolle spielen (z. B. Zusatzaufgaben, Projekte, Portfolio-Ergebnisse usw.). Das ist zwar ebenfalls Aufgabe des Klassenlehrers in seinen eigenen Fächern. Sein Augenmerk in der Rolle des Klassenlehrers muss aber zusätzlich auf der allgemeinen Leistungsentwicklung der Schüler und der Beobachtung des Lernerfolgs auch in den Fachunterrichten liegen. Das geht vom Austausch mit den Fachkollegen über Beobachten der Zwischennoten bis hin zur strategisch vernünftigen Vorbereitung der Zeugniskonferenz (Bei wem sind Versetzungen oder Abschlüsse in Gefahr? Was kann durch das rechtzeitige kollegiale Gespräch mit dem Fachlehrer noch gerettet werden?).
2. Eine Grundbedingung für guten Unterricht sind methodische Kompetenzen. Klar, dass diese auch vom Klassenlehrer geschult werden.
   Dennoch ist seine Aufgabe in diesem Bereich zudem, die Klasse so zu führen, dass sie in der Lage ist, sich am Lernprozess in allen Fächern verantwortlich zu beteiligen. Dazu gehört z. B. die Einübung der **produktiven Kommunikation** mit Fachlehrern („Frau Bilstein, wir würden gerne mal in Gruppen arbeiten", oder: „Herr Lienenkämper, könnten Sie bitte noch einmal erklären, wie sich die Noten zusammensetzen?", und: „Frau Gebhard, was kann ich tun, um meine Leistungen zu verbessern?"). Zudem sollten selbstregulierende Verfahren bekannt sein, die mit einer konstruktiven Arbeitshaltung zusammenhängen. Abgesehen von den Methoden, die den Klassenlehrer speziell betreffen, ist es wichtig, Informationen über methodische Arrangements

aus den Fachlehrerstunden zu bekommen. So gewinnt man einen Überblick darüber, welche Verfahren die Schüler beherrschen – und wo ggf. nachgebessert, ausgeglichen und ergänzt werden muss.

Wichtig für eine positive Klassenführung sind auch die **Besetzungstraditionen** der jeweiligen Schule:

- Wird absichtsvoll ein Klassenlehrer-Gespann aus Klassenführung und Stellvertretung gebildet, bei der männliche und weibliche Akteure zusammenarbeiten und als unterschiedlich gepolte Ansprechpartner für die Schüler zur Verfügung stehen?
- Gönnt man dem Führungsteam bei der aufbauenden Arbeit mit der Klasse mehrere Jahre oder handelt es sich immer wieder um organisatorische Verlegenheitslösungen?
- Hat man die Aufsichtsstunden geschickt in Bereiche gelegt, in denen der Klassenlehrer seinen eigenen Schülern begegnet und damit Gelegenheit zur Beobachtung ihres Verhaltens und zu informellen Gesprächen gegeben ist?
- Hat man den Mut, den Klassenlehrern möglichst viele Stunden zuzuordnen, auch wenn dabei fachfremd unterrichtet werden muss?

**Fallbeispiel: Viele Stunden**

In meiner Ganztagsschule lebte ich mit einem Optimum: Mir standen als Klassenlehrer in der Orientierungsstufe – wo ja viele Arbeitstechniken und Verhaltensregeln eingeübt werden – neben den eigenen Fächern Deutsch und Gesellschaftslehre auch der Unterricht in Biologie und Kunst zur Verfügung. Dazu kamen Arbeits- und Übungsstunden sowie eine reine Klassenlehrerstunde. Mit diesem Stundendeputat konnte entspannt unterrichtet werden. Aufeinanderfolgende Stunden konnten zusammengefasst, Mini-Projekte verwirklicht und fachübergreifende Unterrichtseinheiten durchgeführt werden.

**Beispiel:** Thema „Ägypten" – im Geschichtsunterricht („Herrschaft durch Wasser"), im Erdkunde- und Biologieunterricht („Leben in der Wüste", „Oasen und Tierwelt") und im Kunstunterricht („Verfertigen von Bildern und Schriften im ägyptischen Stil", „Modelle von Tempeln und Sarkophagen"). Der Deutschunterricht trug dann noch fiktive Texte („Mein Leben als Kind eines Schreibers") und darstellendes Spiel bei („Das Totengericht").

Diese Art des Unterrichts hatte einen besonderen Charme, da die ganzheitlichere Arbeit selbstbestimmter organisiert werden konnte. Die Schüler erlebten, dass die als „allwissend" eingeschätzte Lehrperson klärende Auskünfte bei Bio-Kollegen einholen ließ oder Recherchen zu bestimmten Details durch einen oder mehrere Schüler beauftragte – ein Beispiel für die Schulung der Kompetenz „Qualifikationsentwicklung von Informationsbeschaffung und -auswertung".

Während die Klassenlehrerstunde (oder: Verfügungsstunde) der Abwicklung der Klassengeschäfte und Klärung von Fragen und Problemen der Schüler dient, ist noch ein Wort zu möglichen **Anrechnungsstunden** zu sagen. Nicht in allen Bundesländern hat die Schulbürokratie verstanden, dass die Aufgaben des Klassenlehrers zusätzlichen Aufwand bedingen, die einen Fachlehrer nicht betreffen (Elternarbeit, Konfliktlösung, Beratung einzelner Schüler, Vorbereitung von Klassenkonferenzen, Schreiben der Zeugnisse usw.). Hierfür sollte aus dem Anrechnungs-Topf der Schule mindestens je eine Stunde für die Klassenleitung zur Verfügung stehen; in schwierigen Klassen möglicherweise auch zwei. Schulen können den Klassenlehrern – wenn die Mehrarbeit nicht anders kompensiert werden kann – zusätzliche Übungsstunden zuordnen, deren inhaltliche Füllung dann weitgehend ihre Sache ist.

## Exkurs: Klassenmanagement („Classroom Management")

In der neueren Literatur hat sich der Begriff **Classroom Management** verbreitet: „Klassenmanagement ist ein bedeutender Faktor des Lehrerpersonenhandels hinsichtlich der Schülerleistungen wie auch des Wohlbefindens aller Beteiligten im Unterricht.

Erfolgreiche Klassenführung zeichnet sich durch

- intensives Monitoring des Unterrichtsgeschehens,
- interessante und flüssige Lektionen,
- angepasste Organisation der materiellen Umgebung, Abläufe, Regeln und Handelsroutinen,
- klar kommunizierte Ansprüche und Rückmeldungen zum Schülerverhalten sowie
- eine anerkennende, wertschätzende Beziehung zwischen Lehrperson und Schülerinnen und Schülern

aus." [6]

Selbstverständlich muss ein solches Konzept flexibel auf Klasse und Lehrperson angepasst werden. Die ursprüngliche Begeisterung für dieses Verständnis von „Management" scheint sich bei all jenen Pädagogen abzuschwächen, die dieses Modell für einen Ansatz halten, der zu sehr auf die Steuerung durch den Lehrer abzielt. Hier stehe der Lehrer – wie häufig – als Akteur im Vordergrund, während die substanzielle Beteiligung der Schüler am Lernprozess leicht übersehen wird.

Interessant für den Klassenlehrer ist auch der von Hilbert Meyer beschriebene **Lackmustest für guten Unterricht**. Bei sich selbst (und, soweit das möglich ist, auch bei den Fachlehrern der Klasse) sollte bedacht werden, ob die folgenden Kriterien erfüllt sind:

„1. Klare Strukturierung des Lehr- und Lernprozesses
2. intensive Nutzung der Lernzeit
3. Stimmigkeit der Ziel-, Inhalts- und Methodenentscheidungen
4. Methodenvielfalt
5. intelligentes Üben
6. individuelles Fördern
7. lernförderliches Unterrichtsklima
8. sinnstiftende Unterrichtsgespräche
9. regelmäßige Nutzung von Schüler-Feedback
10. klare Leistungserwartungen und -kontrollen"[7]

Eine äußerst hilfreiche und detaillierte Kriterienliste, in der viele Einzelpunkte von Meyers „Was ist guter Unterricht?" aufgezählt werden, gibt es als Download beim Lehrerseminar Lüneburg.[8]

# Aufgaben und Erwartungen

Die folgende Zusammenstellung soll einen Überblick über Aufgaben der Klassenführung geben.

## Pädagogische Aufgaben

Nicht nur zu Beginn der gemeinsamen Arbeit, auch im Verlauf des Schuljahres sollte der Klassenlehrer sich wichtiger Aufgaben immer wieder vergewissern.
Er sollte

- Schülern die (Halb-)Jahresplanung erklären und sie an der Zielfindung der Unterrichtsreihen beteiligen,
- eine gute Beziehung zu Schülern aufbauen und pflegen,

- das Klassenklima (Psychohygiene/Raumgestaltung) und Disziplin (Regeln) in der Klasse fördern und aufrechterhalten,
- Organisatorisches klären (Sitzordnung, Klassenämter und -dienste, Lernmittelbeschaffung usw.),
- soziales Lernen fördern,
- Methoden im kommunikativen und organisatorischen Bereich vermitteln,
- das Lernen mit digitalen Medien organisieren,
- Schülerselbstständigkeit und Selbstverantwortung im Lernprozess anleiten,
- Fachlehrer informieren, unterstützen und einbeziehen sowie zwischen den Fachlehrern und der Klasse vermitteln,
- Bedarf an zusätzlicher Förderung und Anforderung (fördern und fordern) feststellen und organisieren,
- die Integration von Inklusions-Schülern organisatorisch und didaktisch regeln,
- Konflikte erkennen und bei der Bearbeitung derselben helfen, ggf. unter Einbeziehung von Streitschlichtern,
- Kontakte zu Eltern und Schulleitung herstellen und halten,
- Beratung anbieten oder vermitteln (z. B. in Bezug auf aktuelle Probleme, die Laufbahnberatung usw.),
- Praktika vorbereiten und betreuen,
- (kleine) Feste und Feiern organisieren,
- Zeit für persönliche Gespräche mit der Klasse und Einzelnen einplanen,
- gemeinsame Aktivitäten organisieren (Fahrten, Exkursionen usw.),
- die Klassenkasse verwalten (evtl. auch an die Eltern abgeben),
- mit außerschulischen Institutionen zusammenarbeiten (Sportverein, Arbeitsamt usw.) und
- sein eigenes Zeitmanagement optimieren *(siehe dazu auch „Immer wenn du denkst …“ auf S. 171).*

## Schulrechtliche (bürokratische) Fragen

Der Papierkram gehört zu den wenig geliebten Notwendigkeiten des Lehrerberufs. Dennoch zeigt sich in manchen Situationen, dass eine lückenhafte Aktenführung den Klassenlehrer angreifbar machen kann.
*Wieso kann er behaupten, Emma beteilige sich nicht – hat er eine Strichliste der Beteiligungen geführt? Wann war der Zwischenfall mit Jonas' Ausraster und wer waren die Beteiligten – gibt es dazu eine Notiz? Wann waren die Fehltage von Hannah – ist das Klassenbuch mit seinen Eintragungen aussagekräftig?*

Für den Klassenlehrer sind die folgenden **bürokratischen Aufgaben** unerlässlich:

- Listen erstellen (Adressen, Telefonnummern),
- Klassenbuch führen inkl. der Anwesenheitskontrolle (Entschuldigungen werden gesondert abgeheftet, sie gehören nicht ins Klassenbuch!),
- Notenlisten und Schülerakten führen,
  *Hier ist nicht die schuloffizielle Schülerakte gemeint, sondern eine vom Klassenlehrer anzulegende Dokumentation über das Lern- und Sozialverhalten einzelner Schüler. Diese ist besonders wichtig bei Klassenkonferenzen u. Ä.*
- Klassenkonferenzen einberufen und leiten,
- Zeugnisse schreiben,
- Elternabende und Sprechtage (Sprechzeiten) abhalten und
- manches andere mehr.

## Kommunikation – auch digital?

**Fallbeispiel: Unerwünschte Störung**

Das Handy klingelt beim abendlichen Krimi: Sören hat eine Nachfrage zu den Hausaufgaben, Frau Schirmer entschuldigt ihre Melanie für den nächsten Tag („Ist es wichtig, dass Melanie morgen am Unterricht teilnimmt? Sie müsste nämlich …").

Es gibt zunehmend Lehrer, die mit ihren Schülern WhatsApp-Gruppen einrichten, mithilfe derer ein Austausch über Unterrichtsaufgaben und deren Klärung, Terminfragen usw. erfolgen. Hier muss jeder Klassenlehrer die persönliche Entscheidung treffen, ob er Kontakte über das private Telefon, E-Mail, Twitter, Instagram oder SMS etc. sinnvoll findet und zulassen will. (Achtung: In manchen Bundesländern und ggf. auch an einzelnen Schulen gibt es Vorbehalte bzw. konkrete Hinweise zur Nutzung.) Mitunter werden solche Handhabungen zu unübersichtlich bzw. greifen zu sehr in die Privatsphäre ein.
Dauernde Erreichbarkeit ist im normalen Schulbetrieb nicht nötig, auch wenn es manchmal von anderer Seite erwartet wird, z. B. von den Schülern oder den Eltern. Für wichtige Fragen gibt es zuvorderst das Schulsekretariat. Entschuldigungen können dort telefonisch erledigt werden oder nachträglich schriftlich erfolgen. Typische Schülerfragen („Was hatten wir eigentlich für Englisch auf?") sollten mit Mitschülern diskutiert werden.
Es soll hier nicht der Teufel an die Wand gemalt werden, aber: Nach Bekanntgabe ihres E-Mail-Accounts ist eine Kollegin Ziel von Hass-Mails und anzüglichen Beschimpfungen geworden.

Daher gibt es gute Gründe, warum sich die Kommunikation auf die für alle gleichen, folgenden Möglichkeiten beschränken sollte:

1. Mitteilungsheft (mit Gegenzeichnung der Eltern)
2. festgelegte Telefonmöglichkeit (z. B. Mo und Do 17–18 Uhr)
3. Anrufe erfolgen nur auf dem Festnetz oder: Rückruf des Lehrers, nachdem er den Anrufbeantworter abgehört und die Relevanz der Anfrage eingeschätzt hat. Keinesfalls sollte die private Mobil-Nummer herausgegeben werden, damit keine Anrufe zur Unzeit erfolgen. Eine Ausnahme von dieser Regel ist die Klassenfahrt.
4. E-Mail: eine Möglichkeit, falls wirklich alle Eltern und Schüler erreicht werden können (Mögliche Einschränkungen sind der häufige Wechsel der E-Mail-Adresse oder dass unterprivilegierte Haushalte eventuell keinen Netzanschluss haben.)
5. Für telefonische Entschuldigungen ist das Schulsekretariat zuständig.
6. Termine für Eltern-Sprechzeiten beim Klassenlehrer werden in der Schule bekannt gegeben.

## Klassenführung als Gemeinschaftsaufgabe

Man kann sicher nicht davon ausgehen, dass jede einzelne Lehrperson methodisch immer auf dem neuesten Stand und mit einem guten Einfühlungsvermögen ausgestattet ist sowie überzeugende Führungsqualitäten aufweist.
Hier ist die Kooperation mit Kollegen ein gutes Korrektiv. Überaus kraftvolles Auftreten einer Lehrperson – wie es häufig gefordert wird – könnte dagegen zur Überwältigung der Schüler führen, denen nur abhängige Einordnung übrig bleiben würde.
Schüler werden nach diesem Verständnis leicht zu Gegnern, denen man Lernbereitschaft und störungsfreies Verhalten abtrotzen muss. Nachhaltiger und demokratischer scheint zu sein, „[…] dass wirkungsvolle Klassenführung getragen wird von einem Zusammenspiel der Führung des Lehrenden und der Selbstführung der Lernenden."[9] Die dazu nötigen Kompetenzen fallen selbstredend nicht vom Himmel, sondern müssen in einem Regel- und Teambildungsprozess nach und nach eingeführt und eingeübt werden. *(Siehe dazu auch „Hilfreiche Regeln und Rituale" auf S. 45 und „Teamentwicklung in der Klasse" auf S. 57)*

Neben der Klassenleitung und den Schülern kommen in diesem Fall aber noch die anderen Fachlehrer hinzu, in deren Unterrichtsstunden die Schüler vorzugshalber keine grob abweichenden Lernarrangements vorfinden sollten. *(Siehe dazu „Kooperation mit anderen" auf S. 129)*

Zusammenfassend lässt sich sagen: „Die aktuelle Diskussion ist also von einem erweiterten – das heißt kooperativen und partizipativen – Professionsverständnis geprägt:

Das bedeutet:
Klassenführung kann ihre Potenziale vor allem dann entfalten,

- wenn sie als *Gemeinschaftsaufgabe der beteiligten Lehrkräfte* verstanden und praktiziert wird,
- wenn sie als *Gemeinschaftsaufgabe von Lehrenden und Lernenden* verstanden und praktiziert wird,
- wenn der *Erwerb von Kompetenzen zur kooperativen und selbstregulierten Arbeit* unterstützt wird." [10]

Die wichtigsten Elemente von Klassenführung werden von Johannes Mayr wie folgt auf den Punkt gebracht:

„- Unterrichtsgestaltung:
    - bedeutsame Lernziele
    - strukturierter Unterricht
    - klare Arbeitsanweisungen
    - interessanter Unterricht
    - Fachkompetenz
    - positive Erwartungshaltung
    - Verlässlichkeit
- Beziehungsförderung:
    - Wertschätzung
    - Verstehen
    - Authentizität
    - Humor
    - Kommunikation
    - Schülermitbestimmung
    - Gemeinschaftsförderung
- Verhaltenskontrolle:
    - klare Verhaltenserwartungen
    - Beschäftigung mit Schülern
    - Kontrolle der Lernarbeit
    - „Allgegenwärtigkeit"
    - Verstärkung erwünschten Verhaltens
    - rasches Eingreifen bei Störung
    - Bestrafung unerwünschten Verhaltens" [11]

# Neuanfang in einer bestehenden Klasse

Es mag ja sein, dass jedem Anfang ein Zauber innewohnt, wie der Dichter Hermann Hesse fand.[12] Wer aber neuerdings eine seit Jahren bestehende Klasse als Klassenlehrer übernimmt, wird sich nach der Vorgeschichte seiner Lerngruppe erkundigen müssen und eine Reihe von Fragen zu klären haben:

- Welche eigene Entwicklungsgeschichte, welches Image hat diese Klasse („schwierige Klasse"/„leistungsschwache Klasse")?
- Stimmen die Einschätzungen, die dazu im Kollegium kursieren, wirklich?
- Wer war der Vorgänger? Gab es Gründe für den Wechsel?
- Gibt es Möglichkeiten zum Gespräch mit dem Vorgänger (Rituale/Methodenwissen/Einschätzung von einzelnen Schülern, Förderbedarf Einzelner oder von Gruppen)?
  *Achtung: Hier lauern mögliche Vorurteile. Wie objektiv kann die Einschätzung des Vorgängers sein? Hatte er Probleme mit einem Schüler, mit dem Sie ohne Weiteres auskommen können?*
- Was verrät der Einblick in die Zeugnisliste (Noten/Fehltage)?
- Gibt es Lernmedien, die neuerdings von der Schule oder den Schülern bzw. Eltern zusätzlich angeschafft werden müssen?
- Was ergeben Gespräche mit Schülern: „Wie war's im letzten Jahrgang?"
  *Stimmen Sie aus Verunsicherung oder dem Wunsch heraus, den Schülern näherzukommen, keinen abfälligen Bemerkungen über Vorgänger zu.*

Zusammenfassend könnte man meinen, die Anforderungen an die Klassenführung sähen ein Arbeitsprogramm vor, welches der Anstrengungen eines „Supermans" bedürfe und die Charakterstärke eines Erzengels voraussetze. Es gilt aber vor allen Dingen eines: Nicht Bange machen lassen!
Für viele Kollegen ist Klassenführung in erster Linie ein harter, aber erlernbarer Job, mit dessen Anforderungen man erst einmal ins Reine kommen muss.
Es macht also Sinn, sich auf diese Aufgabe mit Ruhe und Gelassenheit vorzubereiten.

[1] Friedrichs, Birte; Schubert, Nele: Das Klassenlehrer-Buch für die Sekundarstufe, Beltz Verlag: Weinheim und Basel 2013, S. 19

[2] Vgl.: Scoyo-Elternmagazin: Heterogene Lerngruppen – Mehr Vielfalt im Unterricht, *www-de.scoyo.com/eltern/schule/heterogene-lerngruppen*

[3] Götsch, Monika: Strafen nutzen sich ab. Interview mit dem Psychiater Joachim Bauer. In: „taz" vom 11.04.2007, *www.taz.de/!295115/*

[4] Pollinger, Melanie: Wir unterrichten Schüler, keine Fächer. In: „Main Echo" vom 08.11.2013, *www.main-echo.de/regional/stadt-kreis-aschaffenburg/art4012,2817264*

[5] Priebe, Botho: Vorwort des Reihenherausgebers. In: Klaffke, Thomas: Klassen führen – Klassen heilen. Beziehungen, Lernen, Classroom Management, Klett Kallmeyer: Seelze 2013, S. 8 f.

[6] Schönbächler, Marie-Teres: Klassenmanagement. Situative Gegebenheiten und personale Faktoren in Lehrerpersonen- und Schülerperspektive, Haupt Verlag: Bern 2008, S. 53

[7] Meyer, Hilbert: Zehn Merkmale guten Unterrichts. Empirische Befunde und didaktische Ratschläge. In: PÄDAGOGIK 10/2003, Beltz Verlag: Weinheim, S. 37

[8] Siehe dazu: Niedersächsisches Landesinstitut für schulische Qualitätsentwicklung: Klare Strukturierung des Unterrichts, *http://wordpress.nibis.de/stslgso/files/10Merkmale.pdf*

[9] Bastian, Johannes: Klassenführung. Zur Gestaltung eines Rahmens für lernförderliche Arbeitsbedingungen – partizipativ, kooperativ und individuell. In: PÄDAGOGIK 1/2016, Beltz Verlag: Weinheim, S. 6

[10] Ebd., S. 8

[11] Mayr, Johannes: Führungskräfte im Klassenraum. Erfolgreiche Strategien der Klassenleitung erkennen und entwickeln. In: Friedrich Jahreshefte XXV 2007, Friedrich Verlag: Seelze, S. 11

[12] Vgl. Hesse, Hermann: Stufen: ausgewählte Gedichte. Suhrkamp: Frankfurt (Main), 1994

# 2 Gut organisiert beginnen

# Der neue 5. Jahrgang

Lassen wir einmal die bürokratische Art der Einschulung in die Sekundarstufe beiseite, bei der die Schüler einfach nach Anmeldelisten auf die aufnehmenden Klassen verteilt werden – wie Schafe auf verschiedene Ställe. Die pädagogische-re Art geht von ein wenig sorgsamerer Vorbereitung aus – und dieser Vorlauf bietet für Klassenlehrer eine wichtige Informationsquelle. Folgende Punkte sind dabei sehr wichtig:

- Laden Sie die Grundschullehrer der abgebenden Schulen zu Gesprächen ein oder besuchen Sie sie.
- Nehmen Sie die Erfahrungen der Grundschulkollegen über bisher angewandte Unterrichtsverfahren interessiert zur Kenntnis.

Notieren Sie Informationen über einzelne Schüler und deren bisher gezeigtes Lern- und Arbeitsverhalten. Denn durch die Gespräche erfahren Sie mehr darüber, wer zu den leistungsfähigen Schülern gezählt werden muss und wer vermehrte Unterstützung braucht. So erhöht sich die Chance, ausgewogen gemischte Klassen zusammenzustellen, da die Zeugnisse meist nicht aussagekräftig genug sind. So kann auch frühzeitig beurteilt werden, wo es sinnvoll ist, Wunsch-Freunde aus der Grundschule beieinanderzulassen, störende Aversionen unter den Schülern durch kluge Zuweisung zu neutralisieren.

Viele Praktiker meinen: Der wichtigste Tag im Leben der Schüler sei nicht der Zeugnistag, sondern der erste Tag bzw. die erste Woche in der neuen Schule. In dieser ersten Zeit würden bereits wichtige Weichen in der Beziehung zwischen Klassenführung und Schülern gestellt (emotional, disziplinarisch, organisatorisch, didaktisch). Deshalb wäre ein Unterricht, der schon am zweiten Tag nach vollem, regulärem Stundenplan einsetzt, nicht sehr sinnvoll. Zu vieles wäre ja noch zu besprechen, einzuführen, zu organisieren.
Wenn das nicht ohnehin in der Schule so geregelt ist, sollte der Klassenlehrer rechtzeitig dafür sorgen, dass die gesamte erste Woche zum größten Teil als Klassenunterricht organisiert ist. Das gibt einiges an Zeit und Raum, um das notwendige Kennenlernen zu ermöglichen und die organisatorischen Details zu besprechen.

Auch vor Beginn des Unterrichts kann der Klassenlehrer schon Vorbereitungen treffen, die für die erste Schulwoche wichtig sind:

- Schülerdaten im Sekretariat beschaffen
- Informationen über die Schüler sammeln (Leistungsvermögen, Sozialverhalten, besondere Einschränkungen usw.)
- Begrüßungs- und Informationsbrief an die Eltern mit Ankündigung der ersten Elternversammlung (eventuell in mehreren Sprachen) vorbereiten
- Klassenraum herrichten

- Beschaffung benötigter Bücher bedenken
- Bestelllisten für die Beschaffung solcher Bücher erstellen, die auf den Elternanteil entfallen und nicht von der Schule gestellt werden
  *Familien aus prekären Verhältnissen bekommen die Bücher gestellt, man muss nur vorher diskret im Sekretariat herausfinden, wer dafür infrage kommt.*
- prüfen, ob im schuleigenen Bücherlager Klassensätze für die neue Klasse vorhanden sind, und die ansehnlichen Exemplare heraussuchen, damit nicht von Beginn an der Eindruck von Schlampigkeit entsteht
- Schüler-Material-Liste zusammenstellen
- Namensschilder vorbereiten (Ersatz-Schilder und Marker für später hinzukommende Schüler)
- den Einschulungstag und die ersten beiden Schulwochen vorbereiten
- sich selbst ausführlich in der Schule orientieren, falls man ebenfalls neu beginnt (Räume, Kollegen, Regeln)

## Der Einschulungstag

Der erste Tag in der neuen Schule ist immer schon ein wichtiges Datum im Leben eines Kindes und seiner Familie. Begleiteten in früheren Zeiten maximal die Eltern ihre aufgeregten Kleinen, ist aus der Einschulung inzwischen ein Familien-Event mit Geschwistern, Großeltern, Tanten und Onkeln geworden. Ansprechende Aufenthaltsmöglichkeiten für diese Gruppe sollten vorgeplant werden.

In allen Schulen gibt es eine Einschulungsfeier, die mitunter aber wenig ansprechend und kindgemäß ausfällt: Begrüßung durch die Schulleitung, Verlesung der Klassenzugehörigkeit der neuen Schüler und ihrer Klassenleitung, Abmarsch in die Klasse. Fertig! Die Eltern bleiben in Wartehaltung, in der Mensa oder im Schulcafé, bis ihre Kleinen die ersten Schulstunden in der neuen Klasse überstanden haben.
Es gibt aber auch viele Schulen, die charmantere Begrüßungsrituale haben: Vorführung von kurzen Szenen durch Schüler der höheren Klassen, Vortrag von Liedern, Spiele im oder mit dem Plenum, Vorstellung von „Paten“ aus der 6. Klasse, die in den ersten Tagen als Ansprechpartner fungieren u. Ä. m.

In der Klasse angekommen, liegt es nun an den Klassenlehrern (oder dem Lehrer-Team), für die erwartungsvollen Neulinge eine freundliche und lockere Atmosphäre zu schaffen. Folgender Ablauf hat sich bewährt, um die erste Schulstunde zu füllen:

- ein Stuhlkreis zu Beginn inkl. Vorstellungsrunde („Ich heiße … und war bisher in der … Schule.“, „In meiner Freizeit mache ich gern …“)
- ein kurzes, lockeres Spiel

- die Ankündigung, was am nächsten Tag passiert und wie die Woche verlaufen soll
- Beantwortung von Schülerfragen („Möchte noch jemand etwas wissen?", „Welche Fragen habt ihr noch?")

Ist eine zweite Stunde vorgesehen, bieten sich leichte, ansprechende Inhalte an:
- eine Runde Geschichten erzählen, deren weiterer Fortgang immer wieder von den Schülern bestimmt wird („Wie geht es jetzt weiter ...?"), oder
- eine kleinere Gestaltungsaufgabe (Verschönern des Namensschildes, ein Bild der Traumschule malen usw.)

In den 1.–5./6. Stunden der restlichen Woche organisiert der Klassenlehrer, das Klassenduo bzw. das Klassenteam einen Mix aus Vorhaben
- sozialer Art: Kennenlernspiele, Anfertigung von Steckbriefen, gemeinsames Frühstück, Einübung eines Klassenliedes, einen gemeinsamen Kurz-Ausflug am letzten Tag der Woche usw.
- organisatorischer Art: Brief an die Eltern, Ausgabe der Materialliste, Bekanntgabe und Erklärung des Stundenplans, Vorbereitung der Schülerausweise (Foto), Schülerfahrkarten für den ÖPNV, erste Regeln für das Verhalten in der Klasse und in der Schule, Rallye zum Kennenlernen der Schule (ggf. mit den Paten aus der 6. Klasse), Klassenfoto
  *Warum es nach meiner Erfahrung wichtig sein kann, den Status bei der Einschulung fotografisch festzuhalten: Wenn die Klasse in späteren Jahrgängen die Fotos ihrer kindlich-naiven Erscheinung im 5. Jahrgang sieht, ist das immer ein umjubeltes Event. Teile der Entlassfeier können damit gestaltet werden. Geschieht das nicht, ist ein Teil der Schüler-Biografie für immer verloren.*
- fachlicher Art: Vorstellen der ersten Fachlehrer, Einstieg in wenige Stunden lockeren (!) Fachunterrichts, Basis-Regeln der Zusammenarbeit klären usw.

## Beispiel für die Organisation der ersten beiden Schulwochen

Da viele Schulen die Neulinge erst am 2. Tag nach den Ferien einschulen, ist diese Woche mit nur 4 Tagen geplant.

| 1. Schultag | 2. Schultag | 3. Schultag | 4. Schultag |
|---|---|---|---|
| Einschulungsfeier<br><br>In der Klasse:<br>Willkommen<br>Stuhlkreis/Vorstellen<br>Spiele/Geschichten erzählen<br><br>Programm der nächsten Tage besprechen<br>Fragen beantworten<br>----------<br>Elternbrief (mit Information über den Verlauf der ersten beiden Wochen)<br><br>Materialliste (mit Anforderung für das Steckbrief-Foto)<br><br>Stundenplan ab der 2. Woche<br>Schülerfahrkarten ausgeben | Stuhlkreis:<br>Kennenlernspiele<br>Klassenlied einüben<br><br>Tischgruppen stellen und besetzen (freie Wahl für die ersten Tage)<br><br>Erstellen der persönlichen Steckbriefe<br><br>Fragen zu Fächern und Stundenplan<br><br>Organisation des gemeinsamen Frühstücks<br>----------<br>Namensliste kontrollieren (Adressen, Tel-Nr., E-Mail, Religionszugehörigkeit) | Gemeinsames Frühstück<br><br>zwei Stunden Fachunterricht mit Vorstellung der Fachlehrer (je eine Stunde für diverse Fächer)<br><br>erste Information über Verhalten im Schulhaus/Pausenregelung<br><br>Feedback-Runde über die Erfahrungen der ersten Tage<br>+<br>Erwartungen und Wünsche für die kommende Zeit notieren (Flip-Chart) | Schul-Erkundung mit Tutoren/ oder Schulrallye in kleinen Gruppen<br><br>Klassenämter erklären und mit der Besetzung beginnen<br><br>Näheres zum Klassenausflug vereinbaren |
| **Zweite Schulwoche** | | | |
| gemeinsamer Ausflug (z. B. Spaziergang/Picknick)<br>Klassenfoto organisieren | Klassenregeln entwerfen und diskutieren | Klassenregeln festlegen, Plakat anfertigen, abschreiben | Schülermitverwaltung erklären<br>Klassensprecher und Stell-vertreter wählen |

## Den Start konsequent im Auge behalten

Gerade weil zu Beginn der gemeinsamen Arbeit bereits viele Grundsteine gelegt werden müssen, die das Zusammenleben für die Folgezeit prägen, sollte der Klassenlehrer die anlaufenden Prozesse genau im Blick behalten und ggf. entsprechend reagieren:

- Wichtige Regeln und Abläufe werden mehrfach erklärt und es wird sich überzeugt, dass die Schüler sie auch verstanden haben.
- Kleine Fortschritte werden gelobt und Abweichungen korrigiert.
- Verschiedene Schritte zum Aufbau einer guten Beziehung werden unternommen (Spiele, Vorlesen, Rätsel lösen, aus der jeweils eigenen Schulerfahrung berichten, Feedback einholen „Was war heute besonders gut, weniger interessant …" usw.)
- Auf Störungen wird sofort angemessen und freundlich reagiert *(siehe dazu „Störungen und Konflikte bearbeiten" auf S. 111)*.
- Die Beschaffung der Schülermaterialien wird kontrolliert.

# Das Kennenlernen

Von vielen Lehrern wird die Phase des Kennenlernens so verstanden, dass sich nun die Schüler gegenseitig kennenlernen und auch sie bei dieser Gelegenheit interessante Einzelheiten über die Schüler erfahren. Genauso wichtig ist aber, dass die Schüler ihre(n) Klassenlehrer kennenlernen und etwas mehr über seine bzw. ihre Person erfahren.

**Fallbeispiel: Frau Oster erzählt von sich**

Sie habe zunächst einen ganz anderen Beruf gelernt und als Auszubildende mit ihren Freunden häufig „Quatsch" gemacht. Dann habe sie das Abitur nachgeholt und das Lehramtsstudium begonnen, weil das ihr sehnlichster Berufswunsch gewesen sei. Sie habe zwei Kinder – einen Jungen und ein Mädchen – zur Welt gebracht. In ihrer Freizeit mache sie gern mit ihrer Familie Radtouren und wenn sie genug Zeit habe, lese sie häufig Kriminalromane. Im Unterricht fände sie es gut, wenn die Schüler viel selbstständig arbeiten würden. Das könne man gemeinsam einüben. Sie freue sich sehr auf die Klasse und wolle noch einmal sagen, dass jeder mit Fragen und Problemen zu ihr kommen könne.

Um das Kennenlernen sowohl zwischen den Schülern als auch zwischen Lehrer und Schülern zu intensivieren, bieten sich gerade zu Beginn folgende Methoden an:

- Aufsteller basteln, mit Namen beschriften (muss auch aus einiger Entfernung gut lesbar sein); dazu Klappkärtchen liefern, mit Marker üben. Bei der Gestaltung können einfließen: Hobby, Lieblingstier, Blumen usw.
- Ansteckschildchen basteln, die sich mit Wäscheklammern einfach an der Kleidung befestigen lassen
- Steckbriefe an der Klassenwand anbringen
- großformatiges Klassenfoto mit Namensbeschriftung aufhängen oder Einzelfotos mit Namensnennung zu einer Fotowand zusammenstellen (Die Fotos können auch in einer Kunststunde von den Schülern selbst gemacht werden.)
- Herkunft der Schüler mithilfe einer Landkarte zum Thema machen, die Herkunftsländer der Stammfamilien können mit Fähnchen oder Klebepunkten markiert werden
- Geburtstagskalender aufhängen
- Klassenliste durchsehen und jeden Schüler aufrufen
- Namen einüben
- gemeinsame Lesenacht in der Schule organisieren
- Gemeinschaft stiftende, altersgerechte Teamspiele ausprobieren

*Namensschilder*

**STECKBRIEF**
*****************

Name: *Tobias Müller*
Geburtsdatum: *17.11.1992*
Adresse: *Ziegelweg 15, 48159 Münster*
******************
Geschwister: *Claudius (15), Tessa (8)*
Ich freue mich über: *meine neuen Fußballschuhe, Kuchen*
Gut kann ich: *Fahrräder reparieren*
In meiner Freizeit mache ich am liebsten: *Fußball spielen, lesen*
******************
Von meinen Mitschülern wünsche ich mir:
*dass sie nett miteinander umgehen*

Das bin ich bereit für eine gute Klassengemeinschaft zu tun:
*Wenn jemand etwas nicht versteht, kann ich ihm helfen.*

Unterschrift: *Tobias Müller*



*Schüler-Steckbrief*

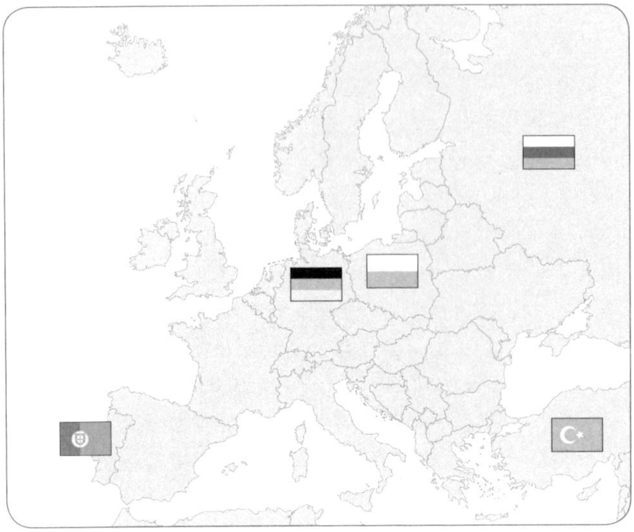



*Herkunftskarte*

## Vorschläge für Kennenlernspiele

Spiele sind in der ersten Zeit (und nicht nur dann!) ein probates Mittel, weiteres gegenseitiges Kennenlernen und entspannende Phasen zu ermöglichen, um die starren Abläufe der aufeinanderfolgenden Unterrichtsstunden zu unterbrechen.

„1. **Smarties:** Aus einer Tüte nimmt jeder 1–5 Smarties. Man stellt sich dann mit seinem Namen vor und muss zu jedem Smartie etwas von sich erzählen.
2. **ABC:** Die Klasse stellt sich entlang der Klassenwände nach dem Alphabet des Vornamens auf: A = Anton usw.
3. **Windmühle:** Jemand stellt sich in die Mitte der Klasse und zeigt mit den ausgestreckten Armen auf zwei Personen. Sie müssen den Namen ihres Gegenübers möglichst schnell sagen.
4. **Blitz-Ball:** Im Kreis wird ein Ball (vorsichtig!) einem anderen zugeworfen. Der muss, so schnell er kann, den Namen des Werfers sagen.“ [1]
5. **„Mein linker Stuhl ist leer …**, ich wünsche mir den/die … her.“
6. **Namen-Reihe:** Einer beginnt: „Ich bin Sven.“ Die neben ihm sitzende Miriam sagt: „Das ist Sven und ich bin Miriam.“ Erol sagt: „Das ist Sven, das ist Miriam und ich bin Erol“ usw.
7. **Schuh-Salat:** Alle ziehen ihren rechten Schuh aus und legen ihn auf einen Haufen. Jeder nimmt nun einen Schuh (nur nicht den eigenen!) und sucht die Person, der der Schuh gehört.
8. **Schneeballschlacht:** Jeder schreibt drei Fakten über sich auf einen Zettel. Die Zettel werden in einem Karton gesammelt, anschließend nacheinander vom Lehrer gezogen und die Klasse versucht, herauszufinden, von wem der Zettel sein könnte.

## Sitzordnung

Eine überaus wichtige Voraussetzung für ein gutes Lern- und Sozialklima in der Klasse ist eine intelligent durchdachte Sitzordnung. *(Siehe dazu „Teamentwicklung in der Klasse" S. 57)* Wer mit wem zusammensitzen darf, ist für die Schüler so wichtig, dass sie ihr persönliches Wohlbefinden daran koppeln. Nicht umsonst gibt es in dieser Frage häufig Widerstände und Tränen („Neben der will ich nicht sitzen", „Der Kai ist doof und soll nicht an unseren Tisch"). Andererseits: Auch wenn höchste Zufriedenheit aufkommt, weil Freunde einander zugeordnet sind – der Arbeitshaltung muss das nicht unbedingt dienen!
Für den Beginn hilft die Ankündigung, dass die Sitzordnung in den ersten Wochen provisorisch ist und ein Wechsel stattfinden kann. Dieser kann monatlich oder alle zwei Monate vollzogen werden, ganz nach Belieben. Das heißt: Wer sich falsch platziert fühlt, soll die Möglichkeit zu einer Änderung des Sitzplatzes haben. Wenn der Prozess der Sitzzuweisung ein dauerhafteres Ergebnis gebracht hat, wird der Plan der Sitzordnung am Pult befestigt. Das ist besonders wichtig für Fachlehrer, damit sich die Schüler nicht bei Abwesenheit des Klassenlehrers nach Belieben wieder „versetzen".

## Wichtige Beobachtungsaufgaben für den Klassenlehrer

Wer eine Klasse zu führen hat, befindet sich als Pädagoge in einer Situation, welche in den Sozialwissenschaften die **Teilnehmende Beobachtung** genannt wird. Der Blick auf die Klasse bringt Erkenntnisse über die Interaktionen der Personen bzw. über die Auswirkungen, die das einzelne Handeln auf die Gruppe hat. Wichtig ist selbstverständlich auch, die einzelnen Schüler und ihre persönliche Lage im Auge zu behalten. Darüber hinaus sind Fragen zu beantworten, die zu einem wirksamen didaktischen Vorgehen führen sollen.

### Fallbeispiel: Vera hungert

Eine leichenblasse Schülerin hielt ich zu einem Gespräch zurück und fragte, ob sie vielleicht erkrankt sei. Es stellte sich heraus, dass sie seit Tagen nichts zu essen bekam, weil ihre vom Mann verlassene Mutter sich aufgegeben hatte und apathisch auf dem Sofa lag. Es war nötig, das Jugendamt einzuschalten und den Kollegen zu vermitteln, dass der Leistungsabfall seine Gründe habe und das Kind schonend behandelt werden müsse.

- Welche Lernbiografien und Lerntypen gibt es in einer Klasse (visuelle, auditive, motorische)?
- Wie geht die soziale Eingliederung der Einzelnen in die Gruppe vonstatten?
- Welche erkennbaren oder geäußerten Vorlieben und Abneigungen haben die Schüler?
- Wie steht es um die Versorgung und Ausstattung der Schüler mit Speisen und Getränken? Hat jemand häufig nichts dabei oder gibt es nur Chips und Cola in die Schultasche? Frühstückt jemand zu Hause? Sollte ein Kind (in der Ganztagsschule) zum Mittagsessen angemeldet sein, evtl. über ein Sozialticket?
- Was tun Einzelne/die Klasse besonders gern und wie kann das in den Unterricht eingebaut werden? Das findet man beispielsweise durch Beobachtungen beim Malen eines Gemeinschaftsbildes oder dem Lösen von Gemeinschaftsaufgaben heraus.

### Hausbesuche

Vereinzelt pflegen Schulen noch die Gewohnheit, zu Beginn der Arbeit mit bis dahin unbekannten Schülern Hausbesuche zu vereinbaren, um die Eltern und das häusliche Umfeld der Schüler kennenzulernen. Sieht man bei der Gelegenheit, dass außer einem Couchtisch vor dem Fernseher kein Arbeitsplatz für Hausaufgaben zur Verfügung steht, bringt man dem betroffenen Schüler sicher mehr Verständnis entgegen.
*Das Verfahren ist meiner Erfahrung nach allerdings sehr aufwändig und bedarf entwickelten Taktgefühls beim Umgang mit den kulturell und sozial sehr unterschiedlich aufgestellten Eltern.*

## Nützliche Organisationshilfen am Beginn

Viele Lehrer nervt, dass sie – über den Unterricht, die Vorbereitungs- und Korrekturarbeiten, die persönlichen Abstimmungen mit Schülern und Kollegen hinaus – noch mit zahlreichen bürokratischen Anforderungen konfrontiert sind. Gerade die Klassenlehrer sind davon in besonderem Maße betroffen. Von der Klassenbuchkontrolle bis zur Erfassung von Kurszuweisungen, von der Abhak-Kontrolle des Rücklaufs von Elternbriefen bis zur Verbuchung von Zahlungen für eine Klassenfahrt können sie sich über mangelnde Arbeit nicht beklagen. Dennoch: Sich einmal die Mühe der Erstellung einer mehrfach verwendbaren Datensammlung und Listenerstellung am Schuljahresanfang zu machen, erleichtert viele nachfolgende Prozesse.

*Anmerkung: Da die meisten Klassenlehrer über das nötige Schreibprogramm verfügen, sind nur Kurz-Beispiele und keine kompletten Leer-Listen eingefügt. Eine Anpassung an die eigenen Bedürfnisse ist hier schnell möglich.*

## Organisatorisches für den Lehrer

Eine **Klassenliste mit persönlichen Daten**, wie Adressen und Telefonnummern, ist für viele Zwecke verwendbar, u. a. zum Einkleben ins Klassenbuch, denn das spart die handschriftlichen Eintragungen. Bei den E-Mail-Adressen sind Eltern-Adressen zu bevorzugen. Der Vermerk der Religionszugehörigkeit erleichtert die Identifizierung der Gruppe für den Religionsunterricht und der der Nicht-teilnehmenden, die gesondert beaufsichtigt werden müssen.

**KLASSENLISTE**

Klassenliste 5.2; Klassenlehrer: Rudi Ratlos

| Nr. | Name | Vorname | Geb.-Datum | PLZ | Ort | Straße | Telefon | E-Mail | Konfession |
|---|---|---|---|---|---|---|---|---|---|
| 1 | Aachen | Carola | 16.01.2009 | 52131 | Köln | Maybachstraße 10 | 602245 | carolou@gmx.de | rk. |
| 2 | Andana | Erkan | 05.07.2009 | 51108 | Köln | Siemenstraße 9 | 9669123 | erkan_a@web.de | isl. |
| 3 | Mühlheim | Sven | 12.11.2008 | 50122 | Köln | Corkstraße 17 | 123478 | h.muehlheim@aol.de | ev. |
| 4 | | | | | | | | | |

Eine **offene Klassenliste**, in der sich nur die Namen der Schüler finden, kann für viele Fälle verwendet werden: Strichlisten zur Dokumentation der Unterrichtsbeteiligung oder der Erledigung von Hausaufgaben, der Noten, Fehltage, Klassenkasse, Ausgabe des Schülerfahrscheins, Bücherverteilung, Zuordnung zu Kursen usw. Da keine privaten Daten in der Liste stehen, kann diese auch in die Hände der Schüler gegeben werden, die bestimmte Hilfsaufgaben übernehmen.

**OFFENE KLASSENLISTE**

**Klasse:** **Klassenlehrer:**

| Nr. | Name | Vorname | | | | | | | |
|---|---|---|---|---|---|---|---|---|---|
| 1 | | | | | | | | | |
| 2 | | | | | | | | | |
| 3 | | | | | | | | | |
| 4 | | | | | | | | | |
| 5 | | | | | | | | | |

Hilfreich ist es auch, ein **Eltern-Mitteilungsheft** einzuführen. Mithilfe eines Oktavheftchens oder einer Mappe bietet sich so die Möglichkeit zur Kommunikation mit den Eltern und zur Unterschriftenkontrolle verschiedener Einträge.

Wenn es um das Thema **Materiallisten** geht, helfen folgende Fragen weiter:

- Was stellt die Schule (Bücher usw.)?
- Was muss jeder anschaffen? (Bücher, Hefte [Format und Lineierung angeben], Ordner, Mappen, Schreibzeug in Form von Füllfederhaltern, weichen Bleistiften 2B, Buntstiften [auf Filzstifte verzichten], Geodreiecke, Zirkel usw.) *(Siehe dazu auch* *Download 1 „Materialliste für den 5. Jahrgang")*

*Behörden-Heftung*

Der Klassenlehrer sollte sich vor Beginn des neuen Schuljahres bei den Fachlehrern vergewissern, wie die **Heftführung** geregelt ist. Werden linierte, rautierte oder/und karierte Hefte verwendet? Wird mit einer Loseblatt-Heftung und Schüler-Ordnern gearbeitet?
*Ein Tipp für Leute, die bislang wenig Kontakt zur Bürokratie hatten: Es gibt eine kaufmännische Heftung (das Neueste immer oben) und eine Behörden-Heftung (das Neueste immer hinten angefügt; der Heftstreifen wird dazu mit den Metallbändchen nach hinten gehalten). Die letztere Form eignet sich gut für die Führung von Schülermappen, denn so kann vorn immer ein Deckblatt stehen, das ein geordnetes Inhaltsverzeichnis mit Seitennummerierung zeigt.*

Ein didaktisch wertvolles Element ist auch die **Portfolio-Mappe**, in der Schüler ihre schönsten Arbeiten aufheben und Zusatzleistungen dokumentieren. Hier kann ein Schatz angesammelt werden, der auch schwache Schüler stolz machen kann und eine positive Reserve für die Notengebung bereithält, z. B. wenn ein Schüler beim Test zwar schlecht abgeschnitten hat, aber gute Zusatzleistungen erbringt.

Viel unnötiger Stress entsteht ziemlich häufig, wenn es keinen wenigstens ungefähren Überblick über die Zeitkontingente des Schuljahres gibt. Man denkt: ‚Ach, das Schuljahr fängt gerade an, der Konferenz-Zyklus hat noch nicht begonnen und es wird sicher genügend Zeit bleiben, um die Stoffpläne abzuarbeiten, Leistungsüberprüfungen und die schulischen Projekte, Unterrichtsgänge, Klassenfahrten oder Feste zu organisieren. Praktiker wissen aber, dass man mit einer vorausschauenden Planung Engpässe vermeiden kann – hier ist die **Selbstorganisation des Klassenlehrers** gefragt.

Das gilt für die (Halb-)Jahresplanung ebenso wie für die Wochenplanung der eigenen Vorhaben. *Eine schnell selbst gefertigte Übersicht schafft hier guten Überblick!*

**Rhythmisierung eines Schuljahres**

Die zur Verfügung stehende Zeit (Schulwochen) wird so abgebildet, dass die realen Zeitkontingente sichtbar werden.

- **August** (1,5)
- **September** (4,5)
  - Berufs-vorbereitungs-wochen
- **Oktober** (2)
- **November** (4,2)
  - Projektwoche
- **Dezember** (3,5)
- **Januar** (3)
  - Zeugnis-vorbereitungen
- **Februar** (3,5)
- **März** (4,5)
  - Lernstands-erhebungen
- **April** (2)
- **Mai** (4)
  - Klassenfahrt
  - Sportfest
- **Juni** (ca. 3)
  - Zeugnis-vorbereitungen

Es wird deutlich, dass von den 40 Schulwochen* nur 35,7 übrigbleiben, davon gehen mindestens 3–4 Wochen für schulische Veranstaltungen ab (Projektwoche, Klassenfahrt usw.)

* Als Schulwoche zählt offiziell jede Woche, an der mindestens 1 Tag Unterricht ist.

*Jahresübersicht*

**ÜBERSICHTSPLAN MEINES UNTERRICHTS**

| Woche .................. = Schulwoche vom ............................ bis ............................ | | | |
|---|---|---|---|
| Mo | | | ORGANISATION als Klassenlehrer |
| Di | | | |
| Mi | | | |
| Do | | | |
| Fr | | | |

*Wochenplan für den Lehrer*

# Organisatorisches für die Schüler

In vielen Klassen ist es üblich, die Schüler mit der Organisation der Aufgaben-Erledigung nicht allein zu lassen. Für Schüler – aber auch für Lehrer, die in der Klasse die Arbeitsstunden betreuen – ist der **Hausaufgabenplan** ein einfaches, aber effektives Mittel, den Überblick zu behalten. Den Schülern dient er als To-do-Liste, den Lehrern gibt ein ausgehängtes Exemplar mit allen Eintragungen den nötigen Hinweis, um das Maß der Belastung durch Hausaufgaben für die verschiedenen Fächer im Blick zu behalten. *(Siehe dazu auch Download 2 „Hausaufgabenplan")*

Download 2 Neue Schüler | Hausaufgabenplan

**Hausaufgabenplan**

Datum:

| Stunde | Montag | Dienstag | Mittwoch | Donnerstag | Freitag | Samstag | Sonntag |
|---|---|---|---|---|---|---|---|
| 1 | | | | | | | |
| 2 | | | | | | | |
| 3 | | | | | | | |
| 4 | | | | | | | |

DOWNLOAD

*Download 2: Hausaufgabenplan*

Ein weiteres erprobtes Mittel ist der **Wochenplan**. Er erlaubt den Schülern, den Überblick über das Gesamtvolumen der Arbeit zu behalten, lässt aber darüber hinaus die Freiheit, Aufgaben auszuwählen, mit denen man beginnen will.

Noch ein Wort zur **Hausaufgabenkontrolle**: So nötig dies von Zeit zu Zeit wohl sein mag, viele Kollegen sehen darin eine unnütze Zeit, die Langeweile bei den Wartenden auslöst und nur mäßig effektive Auswirkungen hat. Am ehesten geeignet scheinen Stichproben in Phasen, in denen die Schüler ihrerseits mit sinnvollen Aufgaben beschäftigt sind. Grundsätzlich ist ohnehin zwischen notwendigen und belanglosen, überflüssigen Hausaufgaben zu unterscheiden. Hinzu kommt, dass in vielen Ganztagsschulen inzwischen „Hausaufgaben" nicht mehr zu Hause, sondern in der Arbeitsstunde unter Aufsicht eines Lehrers erledigt werden.

### Fallbeispiel: Kontrolle statt Lernen

Mein Mathematiklehrer verbrauchte häufig die Hälfte der Stunde mit derartigen Kontrollen. Von Tisch zu Tisch gehend, begutachtete er ausführlichst auch sehr schematische Hausaufgaben. Zeit, in denen man leicht etwas unterrichtlich Vernünftiges hätte tun können. Mir und anderen Mathe-Abstinenzlern war es nur recht. Wenn er vorn begann, ausdauernd in den Heften zu lesen, schrieben hinten die anderen Schüler noch die letzten Hausaufgaben ab.

**WOCHENPLAN FÜR DIE WOCHE: 22.–26.10.**

| Aufgaben | Erledigt? |
|---|---|
| **Deutsch**<br>1. Prospekte sammeln, Trend- und Modewörter heraussuchen<br>2. Auswertung S. 24 komplett bearbeiten<br>3. Deutschbuch S. 40 lesen und die Fragen 1–4 beantworten | |
| **Erdkunde**<br>1. Liste anfertigen: die Teillandschaften Deutschlands mit Stichworten zu der jeweiligen Besonderheit | |
| **Geschichte**<br>1. Absolutismus, Kritik und Krise (Philosophische Gedanken und Staatskrise, Fragen 1–7)<br>2. GL2: Rede gegen den Absolutismus<br>3. Mappe überarbeiten: Wie war es früher? | |
| **Kunst**<br>1. Kunstmappe ergänzen/Inhaltsverzeichnis anfertigen<br>2. Arbeit an den afrikanischen Figuren fertigstellen | |

***Denkt daran:*** *Was ihr in der Arbeitsstunde schafft, müsst ihr nicht als Hausaufgabe bearbeiten!*

*Wochenplan für Schüler*

Viele Lehrer haben gute Erfahrungen mit einem **Klassentagebuch** gemacht. Das kann in gebundener Buchform (Blankoseiten) oder als Mappe mit eingehefteten Beiträgen geführt werden. Letzteres lässt eher Korrekturen zu, wirkt aber nicht so schön wie ein „Goldenes Buch der 8a“. Interessante Ereignisse (Wochenrückschau, Erlebnisberichte usw.) können hier festgehalten und ggf. auch bebildert werden. Konfliktlösungen, Diskussionen und Beschlüsse des Klassenrates werden hier gesammelt.

Eine wichtige Frage ist auch die nach den **Zuständigkeiten bzw. dem Geschäftsverteilungsplan** der Schule. Wissen eigentlich alle Schüler und Eltern, wer wofür zuständig ist und an wen man sich mit bestimmten Fragen wenden kann (Fachlehrer, Abteilungsleiter, Konrektor, Schulleiter, Hausmeister, Hallenwart usw.)? Schüler kolportieren Namen und Fachzuständigkeiten häufig sehr fragmentarisch.
Eine einfache Liste klärt auch für die weitere Zeit viele offene Fragen und erleichtert die Kommunikation. Es ist dann von weniger informierten Eltern womöglich nicht der Einwand zu hören: „Also, die Frau … Dingsda, komme gerade nicht auf den Namen, die mit denen in irgendwas mit Naturkunde oder so arbeitet, hat zu meinem Sohn gesagt, …“.

# Die Schule kennenlernen

Für Newcomer ist naturgemäß vieles fremd und unübersichtlich. Das Herumrennen in den Pausen enthüllt nicht alle Geheimnisse der neuen Schule. Selbst wenn eine vorausschauende Organisation den Neuen Lotsen oder Tutoren aus anderen Klassenstufen zur Seite stellt, bleibt die eigene Erkundung eine wichtige Sache. Wichtige Fragen könnten sein:

- Was ist wo zu finden (Fachräume, Bibliothek, Lehrküche, Kunsträume, zugeordneter Sportbereich usw.)?
- Who is who in der Schule (Rektor/Direktor, Stufenleiter, Vertrauenslehrer, Hausmeister)?

Diese Notwendigkeit sollte auch zu einem ersten beispielhaften Lern- und Arbeitsprozess werden, der Eigeninitiative von den Schülern verlangt. Eine Schul-Rallye ist eine interessante Unternehmung, die vielen als Stadt-Rallye schon aus der Grundschule bekannt ist.

Die Idee, die dahintersteckt, ist, Schüler anzuhalten,

- eigene Ideen zu einer planmäßigen (örtlichen) Erkundung zu entwickeln. („Was wollen wir herausfinden?", „Wie können wir das organisieren?", „Wie halten wir die Ergebnisse fest?", „Welche Medien brauchen wir dazu?" → Papier für Skizzen, Fotoapparat/Handy)
- Fragen für die Gespräche mit wichtigen Personen in der Schule vorzubereiten. („Was ist Ihre Aufgabe?", „In welchen Fällen können wir Sie ansprechen?" usw.)

Wenn schon arbeitsfähige Gruppen existieren, könnten erste Vorschläge erarbeitet und dann im Plenum sortiert und diskutiert werden. Je nach Interesse werden anschließend Erkundungsaufgaben verteilt. Die bei der Rallye zusammengetragenen Informationen und Erfahrungen werden dann in der Klasse eingeordnet und bewertet. *(Siehe dazu Download 3 „Rallyeplan zur Erkundung der Schule")*
*Es hat sich bewährt, einen solchen Termin im Kollegium anzukündigen, damit auch die pingeligen Kollegen vorgewarnt sind („Wieso laufen Ihre Schüler so unbeaufsichtigt im Haus herum?"). Der Klassenlehrer und sein Stellvertreter sind in der geöffneten Klasse und im Haus präsent, damit – wenn nötig – ordnend und helfend eingegriffen werden kann.*

*Schülergruppe bei der Erkundung*

# Schülermitverwaltung einrichten

Eigentlich müsste die Schülermitverwaltung wesentlich ernster genommen werden, als dies an manchen Schulen geschieht. Dort erledigt man die vom Schulrecht geforderten Prozeduren relativ lustlos und schnell: Vorschläge – Wahlen – fertig. Dann hört man lange nichts. Nur kein längeres Geplänkel, das den wertvollen Unterricht stört!

Kommt es dann doch einmal zu vernehmlichen Äußerungen der Klassen- und Schülersprecher werden sie oft – ähnlich den Interventionen von Elternseite – als leicht störender Eingriff in die „eigentlich wichtigen" Abläufe der Schule gesehen.
Dabei ist die Kompetenz, sich demokratischer Verfahren zu bedienen, ein wesentlicher Bestandteil der gesellschaftspolitischen Erziehung, die in der Schule in kleinen Dosen beginnen sollte. Schüler sollten lernen, Verantwortung zu übertragen und zu übernehmen. Geheime Wahlen, Gremienarbeit in der Schülervertretung und mutige Interessenvertretung gegenüber der eigentlich überlegenen Institution (Lehrer, Schulleiter) sind ein gutes Training für das spätere Leben als Staatsbürger in einem demokratischen Staatswesen.
*Ein kleiner Hinweis: Die Bezeichnungen für die schulischen Gremien variieren zum Teil je nach Bundesland, z. B. Schülervertretung (SV) und Schulkonferenz in NRW, Klassensprecher-Versammlung und Schulforum in Bayern usw.*

Ehe die eigentlichen Wahlen anstehen, muss den Schülern die Funktionsweise der Schülervertretung erklärt werden. So können sie verstehen, in welchem Zusammenhang die von ihnen noch zu wählenden Klassensprecher – unter anderem – tätig werden.

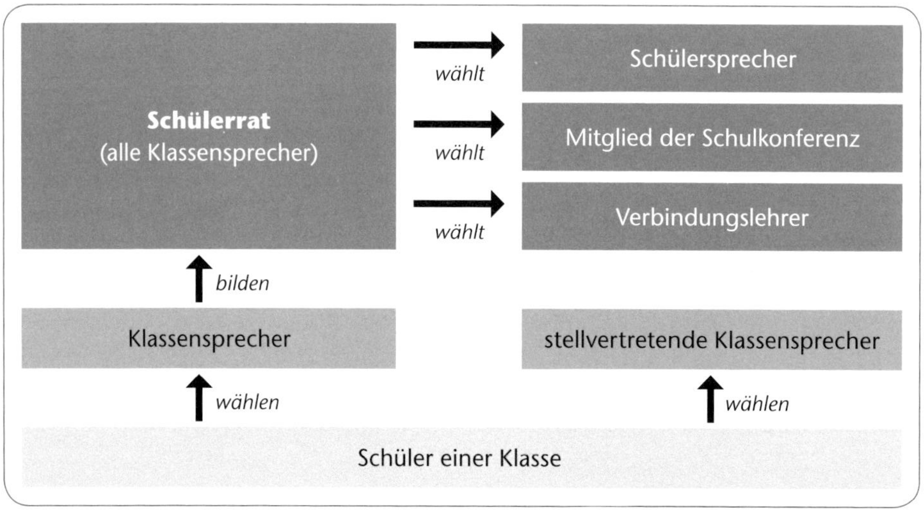


*Schülervertretung in NRW*

## Die Aufgaben der Klassensprecher

Schüler erfahren, was das Amt des Klassensprechers beinhaltet:

- Gespräche mit den Lehrern über die Wünsche der Klasse führen
- die SV-Stunde in der Klasse leiten (Alternative: „Klassenrat", „Für-uns-Stunde")
- Vorschläge der Klasse in den Schülerrat einbringen
- die Klasse über das informieren, was im Schülerrat beraten wird

Manche Autoren rechnen Folgendes zu den Aufgaben der Klassensprecher: „[Die] Klassenlehrer unterstützen sie bei der Organisation und Kontrolle der Dienste und Verantwortungsbereiche der Klasse." [2]

*Hier ist ein schwieriges Feld angesprochen: Kontrollaufgaben könnten zwar temporär auf Schüler übertragen werden, aber nur, wenn sie dies im gegenseitigen Interesse gewünscht haben! Schüler dürfen nicht als „Hilfs-Sheriffs" eingesetzt werden, z. B. um Störer zu melden, die sich bei Abwesenheit des Lehrers hervorgetan haben.*

Wenn ein Klassensprecher gewählt wird, sind folgende Punkte in Bezug auf die Wahl zu beachten:

- Das Verfahren ist nicht überall genau festgelegt. Meistens wird es so gemacht: Auf einen Zettel schreibt man zwei bis drei Namen, darunter mindestens ein Junge, ein Mädchen.
- Die Wahl muss geheim erfolgen.
- Die Wahlzettel werden eingesammelt und direkt an der Tafel ausgewertet.
- Wer die meisten Stimmen hat, wird Klassensprecher; derjenige mit den zweitmeisten Stimmen wird der Stellvertreter.
  *In unserem Beispiel wird Mia Klassensprecherin, Noah ihr Stellvertreter.*

*Tafel mit Ergebnissen der Klassensprecherwahl*

## Der Klassenrat

Der Klassenrat ist keine gesetzlich in der Schülermitverwaltung vorgesehene Institution – wie der Name eigentlich nahelegen würde. Es ist vielmehr eine methodische bzw. erzieherische Möglichkeit, Schüler an Entscheidungsfindungen und Problemlösungen zu beteiligen und sie nach und nach zu befähigen, ihre Probleme konstruktiv und selbstständig zu lösen.

In einer bayrischen Broschüre des Schulministeriums zur Unterstützung der SMV-Mitglieder (Schülermitverwaltung) heißt es dazu: „Ihr könnt diese Zeit nutzen, um

- Aufgaben des Klassensprechers zu erläutern [...],
- über die Schülersprecher-Kandidaten zu diskutieren und den Klassensprecher zu beauftragen, wen er wählen soll [...],
- Probleme mit Lehrkräften zu besprechen,
- als ungerecht empfundene Erziehungs- und Ordnungsmaßnahmen anzusprechen,
- Prüfungsangst zu thematisieren und Hilfe zu geben,
- gute Lernmethoden vorzustellen,
- über die Gestaltung des Klassenraums zu beraten,
- eine Traumreise zu machen,
- eine offene Aussprache abzuhalten, Konflikte zu bewältigen, über die Gesprächskultur zu diskutieren sowie
- fächerübergreifende Projekte, Klassenfahrten oder Wandertage zu organisieren."[3]

Das dazu nötige Know-how muss natürlich Schritt für Schritt eingeübt werden und wird optimal erst in höheren Klassen der Sekundarstufe funktionieren. Sechs Bausteine sind sinnvoll:

„- **Klassenratsbuch** oder andere Methode zum Sammeln der Anliegen
- **Konfliktmoderation** zunehmend mit Blick auf Konflikterhellung und Einfühlen in den anderen
- **Protokollführung und andere Ämter** (z.B. Rednerliste führen, auf Zeitspannen achten) können je nach Klasse nach und nach an die Schüler
- abgegeben werden
- **Heranführung der Schüler an Leitungselemente** (Eröffnen und Schließen der Sitzung, Anleiten der positiven Runde usw.)
- Beteiligung der Schüler an **planerischen Fragen** [...]"[4]

Um möglichst allen Schülern den Erwerb der wichtigen Leitungskompetenzen zu ermöglichen, sollte nach der Einführungsphase immer ein anderes 2er- oder 3er-Team die Durchführung der Klassenkonferenz übernehmen.
Die Zusammensetzung kann durchaus das Los entscheiden.

- Das Team sammelt die anstehenden Fragen/Probleme,
- stellt eine Tagesordnung zusammen,
- stellt diese zu Beginn der Beratung vor und
- bittet die Fragesteller, ihr Anliegen vorzutragen.
- Einer notiert die schon zwischendurch anlaufenden Meldungen auf einer Rednerliste.
- Danach beginnt die geordnete Diskussion und schließlich das Finden einer Empfehlung oder Lösung.
- Diese wird wiederum festgehalten und zu den Akten genommen (Klassenrats-Buch oder -Mappe).

Während zu Beginn der Arbeit noch der Lehrer Durchführung und Leitung in der Hand behält, übernehmen diese Aufgaben nach und nach die Klassenratsmoderatoren.

Der Klassenlehrer sollte darauf achten, dass er in diesem Verfahren keine Vorrechte hat, sondern sich melden muss wie alle anderen Beteiligten – auch wenn das zu Beginn schwerfallen wird. Ist das Verfahren eingespielt, werden Schüler auch in möglichen Entscheidungssituationen („Wohin geht unsere Fahrt?", „Wozu soll der Ertrag unseres Sponsorenlaufes verwendet werden?") auf dieses eingeübte Verfahren zurückkommen.

**Fallbeispiel: Der Chef kommt zuerst dran!**

Bei den ersten Versuchen, den Klassenrat zu etablieren, saß ich mit den Schülern im Stuhlkreis. Die als Sitzungsleiter und Rednerliste-Führer agierenden Schüler nahmen die Wortmeldungen entgegen. Jeder sollte ordentlich der Reihe nach zu Wort kommen. Allerdings: Immer wenn ich mich als Klassenlehrer meldete, wurde mir sofort (!) das Wort erteilt. Ich musste das dann freundlich ablehnen und auf die Abfolge auf der Redner-Liste verweisen. Nach einiger Zeit klappte das dann auch reibungslos.
Lerne: Auch Autoritäten haben sich an Regeln zu halten!

Es ist leicht einsehbar, welche wichtigen Qualifikationen für das spätere Leben hier angelegt werden.

[1] Brokemper, Peter u. a. (Hrsg.): Menschen – Zeiten – Räume. Arbeitsbuch für Gesellschaftslehre, Differenzierende Ausgabe NRW, Band 1: 5./6. Schuljahr, Cornelsen Verlag: Berlin 2013, S. 16

[2] Marx, Jürgen: Rechte und Pflichten der Klasse. In: Diepold, Siga (Hrsg.): Sekundarstufe I – Fundgrube Klassenlehrer, Cornelsen Scriptor: Berlin 2006, S. 32

[3] Winter, Ann-Sophie; Brandl, Eva: Nützliches und Wissenswertes – rund um Schule und SMV. Überarbeitung: Burger, Heinz; Meingast, Doris; Wengel, Gottfried. In: Bayerisches Staatsministerium für Bildung und Kultus, Wissenschaft und Kunst: „Neugierig, kreativ, engagiert – Handbuch für Schülervertreter", 3. bearbeitete Auflage 2016, S. 100.

[4] Blum, Eva und Hans-Joachim: Der Klassenrat. Ziele, Vorteile, Organisation, Verlag an der Ruhr: Mülheim an der Ruhr 2012, S. 28

# 3 Hilfreiche Regeln und Rituale

Niemand erwartet, dass der Straßenverkehr ohne Verkehrsregeln flüssig und störungsfrei läuft. So benötigt selbstverständlich auch das Miteinander in der Schule einen Verhaltenskodex, der den sozialen Umgang der handelnden Personen in Klassenraum und Schulhaus in verständlicher Weise regelt.
Dazu ist es wichtig,

- einheitliche Regeln einzuführen, die von allen eingehalten bzw. durchgesetzt werden sollten, und
- die Schüler eigenverantwortlich einzubinden, z. B. in Bezug auf Gesprächsregeln, Streitschlichtung, die Reinhaltung des Gebäudes u. Ä.

An manchen Schulen werden regelrechte „Verträge" geschlossen und von den Schülern unterschrieben. Bei Problemen kann man sich dann auf derartige Vereinbarungen beziehen. Auch die Einführung von bestimmten Ritualen erleichtert die Zusammenarbeit.

# Rituale schaffen

Rituale jeder Art sorgen durch ihren Wiedererkennungseffekt für Vertrauen und ein Gefühl der Sicherheit. Sie stabilisieren das Zusammenleben von Lehrern und Schülern.

## Die Stunde beginnen

Kein Bühnenschauspieler kann sein Publikum vereinnahmen und konzentrieren, wenn er ohne die nötige Präsenz auftritt. Auch ein (Klassen-)Lehrer wuselt bei Stundenbeginn nicht irgendwie in den Raum, beschäftigt sich – ohne die Klasse zu fixieren – mit irgendeiner Aufgabe am Pult, kramt in Unterlagen oder schreibt etwas ins Klassenbuch. Die Klasse folgert daraus, dass der Unterricht noch keineswegs beginnt, und nimmt sich Zeit für die eigene – mitunter lautstarke – Unterhaltung.
Sinnvollerweise betritt man die Klasse konzentriert und gesammelt, hält an der Tür einen Moment inne und fixiert die Gruppe offen und freundlich. Dann geht man weiter zum Pult, behält die Gruppe im Auge und spricht die Klasse mit einem Gruß an.
*Manche Autoren schlagen vor, dass die Klasse sich erhebt und sammelt – das wäre mir zu vor-demokratisch. Wird es nicht sofort ruhig, kommt eines der Ruhe schaffenden Verfahren zur Anwendung (s. u.).*

Es ergibt oft keinen Sinn, von den aus der Pause in die Klasse stürmenden, zum Teil von den Erlebnissen noch aufgeregten Schülern umgehend Ruhe zu verlangen. Alle müssen zunächst zu ihren Plätzen, ihr Material für die anliegende Stunde bereitlegen und dann (!) den Blick zum Pult richten. Dazu muss eine sanktionsfreie, kurze Zeitspanne zur Verfügung stehen. *(Siehe dazu Fallbeispiel „Ruhe schaffen" auf S. 48)*

## Ruhe und Konzentration herstellen

Wenn die kurze Phase des Sich-Zurechtfindens verstrichen ist, sollte eine Arbeitsatmosphäre eingetreten sein, die durch Sammlung und Aufmerksamkeit gekennzeichnet ist. Praktiker wissen natürlich, dass dies häufig nicht der Fall ist. Jetzt gilt es, Verfahren anzuwenden, die nichts mit Herumbrüllen („Ruhe jetzt!!!") zu tun haben. Lehrende mit nicht so durchdringenden Stimmen müssten sonst in einen Wettbewerb mit dem Stimmengewirr der Schüler treten. Dabei macht nicht jeder eine gute Figur. Besser wendet man eine der folgenden Methoden an:

- Ruhezeichen (erhobene Hand)
- akustisches Zeichen (z. B. ein Gong; nach Einübung kann dieser später auch von den Schülern bedient werden, wenn es zu laut wird und sich jemand gestört fühlt.)
  *Ein Gong wird zwar bei der Einführung als Ruhezeichen von den Schülern gern mehrmals unnötig gebraucht, weil es so „witzig" ist, das beruhigt sich in der Regel in der weiteren Anwendung und entwickelt sich konstruktiv.*
- Das zweite Zeichen mit dem Gong ist bereits eine Warnung vor möglichen – zuvor angekündigten – Konsequenzen: „gelbe" und „rote" Karten, Schnell-Eintrag auf der Strichliste der Unterrichtsstörer etc. Derartige Dokumentationen helfen übrigens später sehr bei Gesprächen mit Schülern und Eltern.

**Fallbeispiele: Ruhe schaffen**

Neben der Benutzung des Gongs habe ich es gern so gemacht: Die Klasse übersieht meine „wartende" Präsenz am Pult. Ich warte stumm. Nach einer kurzen Zeit notiere ich unaufgeregt an der Tafel: „1 Minute", „2 Minuten" usw. Die Klasse weiß jetzt: Die vergeudeten Minuten werden an die Unterrichtsstunde angehängt, zulasten einer pünktlichen Pause. Nach kürzester Zeit beginnen die Schüler, sich gegenseitig zu ermahnen, und es wird still. Ich brauche nicht herumzuschreien und ungehalten zu werden. Dem Prozess des Leisewerdens schaut man dann aufmunternd lächelnd zu.

Eine Kollegin sagte der Klasse immer: „Ich habe einen kleinen Mann im Ohr. Bei mangelnder Ruhe und Aufmerksamkeit flüstert er mir immer zu: „Hausgaben, mehr Hausaufgaben!" Das wirkt zwar, ist aber weniger empfehlenswert, weil Hausaufgaben so zu Strafen werden.

**Fazit:** *Jeder muss ein Verfahren finden, das zu ihm passt und wirksam ist. (Siehe dazu auch „Extrazeit", wo von einem Zeitguthaben der Schüler als Belohnung für positives Verhalten ausgegangen wird, in „Motivation stärken" auf S. 86)*

## Die gesamte Klasse bespielen

Neben den kurzen Frontalphasen vor der Tafel und vom Pult aus ist der Klassenlehrer häufig in der Klasse unterwegs. Er geht von Tisch zu Tisch, schaut Schülern bei der Arbeit über die Schulter, geht auch zu Einzelnen, um ihnen weiterzuhelfen oder sich zu erkundigen, dass die Aufgaben auch verstanden wurden. Unruhige Schüler spricht er leise an und macht sie auf die Regel während der Arbeitsphase aufmerksam. Mitunter kann er einen freien Stuhl nehmen und aus einer anderen Ecke des Raumes unterrichten. Das demonstriert Flexibilität im Arbeitsprozess und bindet die gesamte Klasse ein.

## Hilfsangebote beim selbstständigen Lernen

Damit die Arbeitskonzentration nicht durch Anfragen einzelner Schüler an den Lehrer (Fingerschnipsen und lautes Hereinrufen in die Klasse) gestört wird, kommen zwei Möglichkeiten in Betracht:

- das Wissen um „Schüler-Experten" in der Klasse, die sich in bestimmten Fragen gut auskennen und – leise angesprochen – gerne weiterhelfen. *Das muss natürlich abgesprochen und eingeübt sein!*
- das Signalisieren mit Aufstellern, die kundgeben, ob Schüler Hilfe benötigen.

Ein rotes Signal bedeutet, dass der Schüler Hilfe braucht, ein grünes wiederum, dass er gut zurechtkommt. Die Signale können beispielsweise rote bzw. grüne Karten sein oder ein Vierkantholz, das zweifarbig bemalt ist. Die Signale können im Kunstunterricht gebastelt werden.

## Morgenkreis und Wochenrückschau

Besonders bei jüngeren Schülern bewährt sich eine Phase der gemeinsamen Sammlung und Orientierung auf den Tag und die Woche, z. B. in Form eines **Morgenkreises**. Hier können kleine Sorgen oder Anregungen zur Sprache kommen, Vorhaben geplant und Termine ins Auge gefasst werden. Die Schüler in den Planungsprozess einzubeziehen, ist nicht nur in jüngeren Jahrgängen günstig. Bis hin zur Oberstufe ist dies eigentlich eine didaktisch-methodische Selbstverständlichkeit.

Für Schülergruppen jedes Alters ist die **Wochenrückschau** auf die Ereignisse der zurückliegenden Woche ein überaus nützliches Ritual. („Wie war die Woche für euch?", „Was sollten wir für die nächste Woche, für die nächste Zeit festhalten?") Die vom Klassenlehrer dafür verbrauchte Unterrichtszeit wird vielfach wieder eingespielt, denn Störungen, Unterrichtshemmnisse, übersehene Bedürfnisse, aber auch Anregungen und positive Vorschläge tragen dazu bei, den Unterricht schülerorientierter, angenehmer und damit effektiver zu gestalten.

## Zielvorgaben mit der Klasse teilen

Nicht selten fragen Schüler den Klassenlehrer, bei dem sie mehrere Fächer haben: „Was haben wir jetzt eigentlich? Geschichte oder Deutsch oder ...?" Sie wissen aus Erfahrung, dass sich Lehrer nicht immer an den Stundenplan halten. Das kann aber eigentlich nur in Klassen geschehen, die – ohne die große Linie zu kennen – immer wieder mit Stoffvermittlung überrascht werden, die sie so nicht erwartet hätten.
Statt eine Lerngruppe ohne Kenntnis der Ziele einer Reihe oder einer Stunde wie am Nasenring durch die Unterrichtszeit zu ziehen, bespricht man vernünftigerweise die Lehrplanvorgaben und eigenen Intentionen mit der Klasse. Dabei kann man die Schüler ohne Weiteres daran beteiligen, Schwerpunkte und Sozialformen mitzubestimmen.

**Fallbeispiele: Schüler gestalten die Unterrichtsplanung mit**

Es findet Unterricht im Fach Gesellschaftslehre/Gemeinschaftskunde zum Thema „Kinderrechte – Grundrechte" statt. Die Schüler sammeln ihre Ideen und Erfahrungen zum Thema, aber auch ihre spontanen Fragen. Der Lehrer unterstützt diesen Brainstorming-Prozess mit Fragen:

„- Was wisst ihr schon über dieses Thema?
- Habt ihr eine Einschätzung, warum dieses Thema bedeutsam ist (für euch, für die Gesellschaft ...)?
- Was interessiert euch an diesem Thema?
- Was würdet ihr gern herausfinden? Welche Fragen habt ihr?
- Welche Fragen und Aspekte würdet ihr gern bearbeiten?
- Was braucht ihr von mir?" [1]

## Arbeitsverhalten und Arbeitsabläufe

Arbeitsverhalten und Arbeitsabläufe sollten mit den Schülern immer wieder trainiert werden:

- Wie betritt man die Klasse und geht zu seinem Platz?
  *Sicher nicht in einem Stepptanz um alle Tische, bei dem man kurz noch ein fremdes Mäppchen an sich nimmt!*
- Was sollte zu Stundenbeginn auf dem Tisch liegen – was nicht?
- Wie werden Arbeitsblätter verteilt bzw. weitergegeben?
  *Die Weitergabe kann man als sportliches Spiel mit der Stoppuhr so perfektionieren, dass in ganz kurzer Zeit jeder sein Blatt auf dem Tisch hat.*
- Wie bewegt man sich in (Still-)Arbeitsphasen, wenn man Material aus dem Fach holt usw.?

Es gäbe noch zahlreiche Einzelheiten, die sich mit Methoden des offenen Unterrichts, spezieller Gruppenarbeitsformen, Jigsaw (Experten-Methode) usw. beschäftigen. Dies sind jedoch interessante Fragen allgemeiner Didaktik, die auch jenseits des Klassenlehrer-Daseins eine Rolle spielen und deshalb hier nicht eigens besprochen werden.

Aufgabe des Klassenlehrers könnte es in diesem Zusammenhang sein, mit den Schülern regelmäßig über ihre Erfahrungen im eigenen Unterricht und dem der anderen Fachlehrer zu sprechen. Darin liegt ein wichtiges Instrument, den Lernerfolg der Klasse und einzelner Schüler im Auge zu behalten und im positiven Sinne zu beeinflussen.

# Regeln entwickeln und durchsetzen

Regeln sollten kurz und prägnant gefasst sowie positiv ausgedrückt sein und nicht als Verbote formuliert werden. Positive Veränderungen müssen sofort bestärkt werden! In kommunikativ fortgeschrittenen Klassen können Schüler täglich abwechselnd das Amt des „Regelwächters" übernehmen, der seine Beobachtungen notiert und sie in der Klassenstunde vorträgt.
Wenn die Einhaltung der Regeln nicht überprüft und ihre Notwendigkeit nicht reflektiert werden, ergibt das ganze Unternehmen keinen Sinn.

Am nachhaltigsten – und für die Schüler am einsichtigsten – ist eine gemeinsame Entwicklung der Klassenregeln. Unumstößliche Grundsätze sind dabei die Anerkennung gegenseitiger Rechte und der Bezug auf die zu erfüllenden Pflichten. Bei Schülern: ungestört lernen zu können, anerkannt zu werden und nicht beleidigt oder bedroht und angegriffen zu werden. Bei Lehrern: ungestört unterrichten zu können. Bei beiden: mit Respekt behandelt zu werden.
Wichtig ist es, mit der Klasse zu besprechen, inwiefern Regeln schon eingehalten werden und als wie sinnvoll sie sich herausgestellt haben. Denn Regeln, die auf einem Plakat stehen, aber nicht eingehalten werden, sind kontraproduktiv. Die Schüler sollen das Gefühl entwickeln, dass es um ihre Regeln geht, die sie auch ändern und anpassen können. In ihrer Verantwortung sollte es auch liegen, bei Problemen mit der Einhaltung von Regeln Lösungsvorschläge zu machen.

## Regeln für die eigene Klasse erarbeiten

Hier ein Beispiel für das Kurzprojekt „Regelerstellung für unsere Klasse":

⊙ **Material:**
Notizpapier, Aspekt-Karten, Klebeband, Marker,
Klebepunkte (zum Markieren der fünf bevorzugten Regeln)

⊙ **Methode:** „Schneeball"
Angewandt wird die Schneeball-Methode, weil sie alle Schüler einbezieht und sie leichthin durch einen Prozess der immer stärkeren Fokussierung auf wenige Aspekte führt. Am Ende stellt sich bei allen das Gefühl ein, dass ihre Anregungen in die Regelfindung eingeflossen sind.

1. **Einzelarbeit**
   Was stört mich? Was wünsche ich mir von meinen Mitschülern, von meinen Lehrern? Welche Regel wäre für mich wichtig?

2. **Partnerarbeit**
   Die Partner erklären sich ihre Vorschläge gegenseitig und fassen sie zusammen.

3. **Gruppenarbeit**
   Je 3-mal zwei Partner bilden eine 6er-Gruppe. Hier werden die Vorschläge diskutiert und auf fünf gewünschte Regeln „eingekocht". Jede Regel wird mit Marker in Druckschrift auf eine Karte/einen Zettel (DIN A6) geschrieben.

4. **Plenum**
   a. Präsentation: Die Karten werden mit einem kurzen Klebestreifen-Abriss an die Wand gepinnt, Ähnliches bzw. Gleiches einander zugeordnet.
   b. Bewertung/Auswahl: Die Schüler erklären ihre gewünschten Regeln und diskutieren sie kurz. Dann geht jeder an der Aspekt-Wand vorbei und markiert fünf ihm wichtige Regeln (Klebepunkte, gemalte Punkte). Danach wird ein Plakat mit den wichtigsten Regeln gestaltet und ausgehängt. Formulierungen erfolgen kurz und präzise, in der „ich"- oder „wir"-Form.

# Mögliche Inhalte für Klassenregeln

Hier finden Sie einige Beispiele für Regeln, die von der Klasse gefunden bzw. vom Klassenlehrer in die Diskussion eingebracht werden könnten.

## Sozialer Bereich

- fair und freundlich miteinander umgehen
- einander respektieren
- keine Schimpfwörter benutzen
- keinen zum Außenseiter machen
- nicht in fremden Sachen kramen
- hilfsbereit sein
- Konflikte ohne Gewalt lösen

## Arbeitsverhalten

- pünktlich sein
- Anweisungen der Lehrer befolgen
- leise arbeiten, niemanden stören
- jeder muss mit allen arbeiten können
- sich richtig melden, nicht in die Klasse rufen

- Gesprächsregeln einhalten (z. B. gegenseitig drannehmen, andere ausreden lassen, nur mit dem „Sprechstein" in der Hand reden, danach diesen weitergeben)
- Störungen vermeiden
- den eigenen Platz und die Ablage aufräumen
- die Klasse sauber halten
- Hausaufgaben notieren
- kein vorzeitiges Zusammenpacken der Schulsachen vor Stundenende
- im Unterricht miteinander Deutsch sprechen

## Spezielle Regeln

- Toilettengang (danach fragen oder eigenständig still gehen?)
- Essen und Trinken nur in den Pausen
- Arbeitsmaterialien bei Unterrichtsbeginn auf dem Tisch haben (kein Hin- und Herlaufen mehr)
- nach der letzten Stunde des Tages Stühle für den Putzdienst hochstellen

## Regeln für die Arbeitsstunde

Die Arbeitsstunde sollte eigentlich in der Hand des Klassenlehrers liegen, weil er hier zwei wichtige Voraussetzungen für seine Arbeit an die Hand bekommt:

a) Er kann mehr Zeit mit seiner Klasse verbringen und die Arbeits- und Verhaltensweisen seiner Schüler beobachten und verbessern.

b) Die Arbeit der Fachlehrer wird sichtbar und Schüler können sich zu den Erfahrungen mit dem jeweilligen Unterricht unmittelbar äußern.

Der Aushang des zugehörigen Regel-Plakats in der Klasse hat sich als nützlich erwiesen, weil neben dem Klassenlehrer auch Übungsleiter oder Vertretungen über die Abläufe orientiert wurden.

| So läuft es in der Arbeitsstunde: | |
|---|---|
| 1. Wusel-, Such- und Info-Phase | 5 min |
| 2. Arbeitsphase (in völliger Stille) | 20 min |
| 3. Austauschphase (halbleise, flüstern) | 15 min |
| 4. Aufräumphase | 5 min |

*Im Flur Vokabeln üben: zwei 2er-Gruppen; je 10–15 Min. → Wechsel*

*Regeln für die Arbeitsstunde*

Wie immer ist es sinnvoll, die Eltern in diesen Themenbereich einzubeziehen. Schüler erklären nicht immer verständlich, worum es bei den jeweiligen Regeln und Ritualen geht.
Wenn Eltern wissen, wo sie Informationen finden, wie die Arbeit ihrer Kinder geplant und dokumentiert wird, können sie auch eher unterstützend und kontrollierend eingreifen. Manche Klassenlehrer erläutern deshalb den Eltern in einem Informationsbrief die vereinbarte „Geschäftsordnung" der Klasse.

# Klassendienste

Eine wichtige Einbindung der Schüler in die Mitverantwortung für ihre Klasse und den Klassenraum bieten die verschiedenen Klassendienste:

- Ordnungsdienste für die „Raumpflege" und den Tafeldienst
- Klassenbuch-Führer, der die Fachlehrer an die notwendigen Einträge erinnert
  *Der Klassenlehrer als letzthin Verantwortlicher für die Führung des Klassenbuches braucht später nicht den Kollegen nachzulaufen, die Einträge vergessen haben.*
- Kassierer für die Klassenkasse
  *Dieser ist eher bei älteren Schülern einzusetzen.*
- Geräte- oder Bücherbeschaffer (Schüler, die z. B. Projektionsgeräte aus dem Fundus oder Klassensätze von Lehrbüchern aus der Schulbibliothek holen)
- gemeinsame Hofdienste
  *Der Lehrer teilt die Bereiche für den Hofdienst ein, bestimmt arbeitsfähige Teams, z. B. eine Tischgruppe, und kontrolliert die Durchführung.*
- Partner-Informant, der seinen Tisch- oder Banknachbarn, nach dessen eventuellen Fehlzeiten (Krankheit o. Ä.) über Aufgaben, Neuigkeiten, Absprachen usw. informiert.

Es ist zwar ein alter Hut, sei aber trotzdem der Vollständigkeit halber erinnert: Eine Stecktafel (oder ausgehängte Liste) für die wechselnden Jobs bietet auch in der Klasse unterrichtenden Fachlehrern eine Chance, die jeweilig verantwortlichen Schüler anzusprechen.

| Woche | Tafel | Raum | Pflanzen | Klassenbuch | Gerät |
|---|---|---|---|---|---|
| 12.6.–16.6. | Sven | Erkan und Sümera | Anton | Fiona (für einen Monat) | Mirko |
| 19.6.–23.6. | Leon | Klaas | Jenny | Fiona | Necmettin |

*Klassendienste*

Zu den Schüleraufgaben können auch die des **Streitschlichters** *(siehe dazu „Störungen und Konflikte bearbeiten" auf S. 111)* und des **Pausenhelfers** gehören. Als Pausenhelfer fungieren ältere Schüler, die eine besondere Anleitung erfahren haben. Sportlehrer und Sozialarbeiter bilden die Jugendlichen in einer speziellen AG (Arbeitsgemeinschaft) aus. Sie vermitteln im Schulgebäude oder auf dem Schulhof Anregungen, wie man die Pause angenehm verbringen könnte (Beispiel: Gruppenspiele mit Bällen oder ein Hindernis-Parcours; kleinere Wettbewerbe mit Jonglage oder Diabolos usw.). Hier ist die Idee, dass die Mittagspause nicht die von Lehrern durchgeführte und kontrollierte Zeit zwischen den Unterrichtsblöcken sein muss.

Die **Mittagsfreizeit** kann nach entsprechender Vorbereitung durch die Pausenhelfer eine positive Schülersache werden.

Verlemann und Zilske, die sich näher mit der Frage auseinandersetzen, beschreiben folgendes Szenario: „Die Mittagsfreizeit in der Schule …

- soll Freizeit sein! Die Angebote sollten daher den Wünschen und Bedürfnissen der Schüler entsprechen.
- bedeutet aufsichtsfreie Freiräume für die Schüler. Die Lehrer sind Zuschauer, Mitspieler und (im Notfall) Aufsichtspersonen.
- bedeutet Selbstständigkeit und Spontaneität. Die Angebote sind ohne Verpflichtungen, Schüler organisieren sich in den Angeboten selber und müssen Probleme erkennen und (auf ihre Art) lösen […].
- kann auch gemeinsame Freizeit von Schülern und Lehrern sein. Die spürbare Entlastung durch die Schülerpartizipation und den Perspektivwechsel macht die Mittagsfreizeit auch für die Lehrer ‚attraktiv'."[2]

[1] Klaffke, Thomas: Klassen führen – Klassen heilen. Beziehungen, Lernen, Classroom Management. Klett Kallmeyer: Seelze 2013, S. 125

[2] Verlemann, Stefan; Zilske Thorben: Schüler werden Pausenhelfer. Ein Konzept für die Mittagsfreizeit in der Ganztagsschule, Verlag an der Ruhr: Mülheim an der Ruhr 2011, S. 17

# 4

# Teamentwicklung in der Klasse

# Positive Atmosphäre für das Team

Viele Lehrkräfte sind schnell bei der Hand, wenn es gilt, die Arbeitsfähigkeit einer Schülergruppe zu beurteilen. Da werden praktikable Formen der Zusammenarbeit vermisst, es fehlt angeblich an Teamgeist, Freundschaften unter Schülern scheinen Außenstehende auszuschließen und insgesamt ist man unzufrieden mit der Einbindung der weniger leistungsfähigen Schüler.
Nun kann man derartige als Defizit empfundene Tatsachen wohl feststellen – es fehlt aber häufig die Fragestellung, ob es eine systematische Förderung der Teamentwicklung bislang überhaupt gegeben hat. Von selbst stellen sich solche Kompetenzen der Zusammenarbeit nämlich nicht ein.

Weil schon zeitlich weit entfernt von unserer Gegenwart, ist die pädagogische Grundforderung Pestalozzis „Lernen mit Kopf, Herz und Hand" ein wenig in Vergessenheit geraten. Oder sie wird von jenen Pädagogen belächelt, die der analytischen, kognitiven, rein logischen Bildung den Vorzug geben. Sie übersehen dabei, dass ganzheitliche Bildung auch die rechte Hemisphäre des Gehirns einbeziehen muss: sinnliche Wahrnehmung, intuitives Begreifen und die Emotionen.
*Ein Pädagogen-Bonmot erklärt Begreifen mit „be-greifen", also einer taktilen Form der Aneignung.*
Eigentlich müssten sich die Klassenlehrer (und auch ihre Fachkollegen) die kleine Grafik auf das Pult kleben und sich zwischen den Lektionsabschnitten immer mal fragen, ob alle Sinne der Schüler bereits angesprochen wurden. Ging es wieder einmal nur um den Kopf oder müsste es noch eine ergänzende Intervention für Herz und Hand geben?

Ein positives Klassen- und Schulklima ist der grundlegende Baustein, um Zusammenarbeit zu fördern und Teambildung zu erleichtern. Bei den PISA-Studien 2012 wurde die Fähigkeit zur Teamarbeit getestet. Dazu muss man wissen: „Teamarbeit liegt jedoch weltweit den Jungen deutlich weniger als den Mädchen. Die Schülerinnen in Deutschland erreichen 30 Punkte mehr als die Jungen (das ist ein Schuljahr Unterschied). Mädchen sind nicht nur kompetenter, sie halten die Beziehungen zu anderen auch für viel wichtiger [...]. Sie hören gerne anderen zu [...] und interessieren sich dafür, verschiedene Perspektiven kennenzulernen. [...] im Klassenzimmer [sollte man] noch mehr Raum fürs Experimentieren, für Gruppenarbeit [...] schaffen und die Schüler [...] ermutigen, Ideen zu artikulieren und mit anderen zu besprechen." [1]

# Die Teambildungsphasen

Wer sich daran macht, als Klassenlehrer seine Schüler in Teamarbeit zu schulen, sollte sich erinnern, dass dies kein kurzfristig zu erledigendes Vorhaben sein kann. *Das betont noch einmal die vielfach erwähnte Notwendigkeit, Klassenlehrer langfristiger einzusetzen, um kontinuierliche Entwicklungen zu ermöglichen!*

In den 1960er-Jahren hatte der amerikanische Psychologe Bruce Tuckman eine idealtypische Entwicklung von Teams beobachtet. Er fand die folgenden Phasen: **Forming, Storming, Norming und Performing**. Sie beschreiben, wie über eine Orientierung und unvermeidliche Reibungen eine gute Zusammenarbeit entstehen kann.
Wer Gruppen beobachtet und angeleitet hat, kann sehr schnell entsprechende Phasen feststellen:

1. **Forming** ist die Orientierungsphase, in der sich die Schüler noch besser kennenlernen und die Zusammenarbeit üben. Der Klassenlehrer muss beginnen, seine Leitungsfunktion schrittweise auf die Gruppe zu übertragen.
2. **Storming** zeigt erste Reibungen in der Gruppe. Wer füllt welche Rolle aus? Welche Gruppennormen entstehen? Der Klassenlehrer unterstützt die Gruppe darin, aufkommende Konflikte zu bearbeiten, und gibt Anregungen, wie jeder entsprechend seinen Stärken eingebunden werden kann.
3. **Norming** ist der erste Schritt zu guter Zusammenarbeit. Ein „Wir-Gefühl" entsteht in der Gruppe. Der Klassenlehrer lobt die Fortschritte und achtet darauf, dass sich die Gruppe nicht gegenüber anderen Teams abschottet.
4. **Performing** ist die eigentliche Arbeitsphase: Jetzt läuft's! Der Klassenlehrer ist nun freundlicher Begleiter; er bietet Hilfen zur Auswertung der Arbeit (Feedback) an und lobt die Erfolge. [2]

Tuckman hat später noch eine 5. Phase benannt: **Adjourning**, mit der die Auflösungsphase von zeitlich begrenzten Teams beschrieben wird. Diese Phase kann hier vernachlässigt werden, da die Teamarbeit von Schülern für die gesamte Dauer ihrer Ausbildung Bestand haben soll.

Folgende Möglichkeiten für ein Feedback sind dabei gegeben:

- Zettelabfrage: Jeder notiert, was ihm im Augenblick gefällt/nicht gefällt.
- Meinungslinie: Es wird eine Linie von 1–10 erstellt (Kreide auf dem Schulhof; Band mit Abstandszahlen in der Klasse oder im Flur), dann werden Fragen gesammelt und die Schüler positionieren sich je nach Zustimmung zu einer Frage auf der Linie (1 = schlecht, 10 = sehr gut).
- Gruppeninterviews: Eine Gruppe trägt ihre Meinungen zusammen und dokumentiert sie auf Aspekt-Karten, die dann diskutiert werden.

Der Prozess der vier Phasen läuft nicht automatisch linear ab. Die Phasen wiederholen sich und mitunter kann es sein, dass die Arbeitsphase nie in perfekter Form erreicht wird.
*Bei diesem komplizierten, aber ertragreichen Lernprozess darf man sich nicht so leicht frustrieren lassen. Oft werden positive Folgen erst später sichtbar.*

Jenseits idealtypischer Verläufe sind die naheliegenden Ziele dieses Prozesses,

- arbeitsfähige Gruppen zu erziehen (Rollen: Zeitwächter, Gesprächsleiter, Protokollant usw.),
- die unterschiedlichen Begabungen zu kennen und einzubeziehen,
- dass Gruppenkooperation nicht zu „Professoren" und „Abschreibern" führt,
- Frustrationstoleranz einzuüben,
- Partner/Paten zu etablieren, die Hilfe geben können, und
- neue Mitschüler und solche mit besonderen Bedingungen bevorzugt zu integrieren (Inklusion).

# Das Problem mit der Sitzordnung

Eine überaus wichtige Rolle für das Lernklima in Gruppen und Klassen hängt mit einer funktionierenden Sitzordnung zusammen. Viele Lehrer hätten gern eine Sitzordnung, die nach Lernfähigkeit und Disziplin differenziert; Schüler haben aber vorrangig emotional und sozial orientierte Wünsche (Freundschaft, Nähe zu den „Alpha-Tieren" usw.).

Mein Name: ............................................................

**Ich würde gern sitzen neben:**

Junge: ............................................................
Mädchen: ............................................................

**Nicht gern würde ich sitzen neben:**

Junge: ............................................................
Mädchen: ............................................................

*Wahlzettel für die Sitzordnung*

Das **Soziogramm** ist eine gute Hilfe zur optimalen Platzierung der Schüler. Es vermittelt dem Klassenlehrer Kenntnisse über die inneren – oft verborgenen – Kraftlinien der Klasse. Hier gibt es komplizierte, professionelle Verfahren, die meist für Klassenlehrer zu aufwändig sind. Als Beispiel wurde in diesem Fall die einfachste Form gewählt: Jeder Schüler wählt zwei Personen (mindestens einen Jungen und ein Mädchen), neben denen er gern sitzen würde, dann wählt er einen Jungen und ein Mädchen, die er nicht gern als Bank-/Tisch-Nachbarn haben möchte.

Die Ergebnisse werden vom Klassenlehrer zeichnerisch auf einem großen Bogen dargestellt: Zustimmung: schwarz; Ablehnung: rot. Besonders starke gegenseitige Zustimmung wird mit einer dicken, schwarzen Linie, starke gegenseitige Ablehnung mit einer dicken, roten Linie gekennzeichnet. So ergibt sich optisch ein Bild der sozialen Zusammensetzung der Klasse. Die Ergebnisse werden selbstverständlich vertraulich behandelt, denn der Underdog der Klasse muss nicht coram publico erfahren, wie unbeliebt er ist.

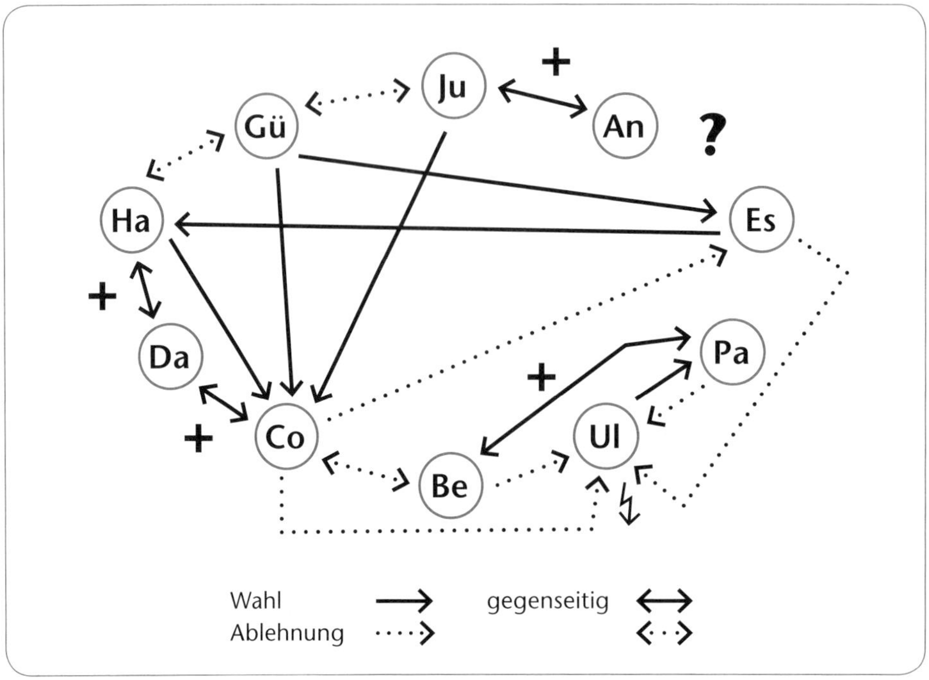


*Beispiel für den Auszug eines Soziogramms einer 5. Klasse*

Soweit es möglich ist, sollte eine produktive Mischung für die Gruppe gefunden werden: Leistungsfähige und weniger leistungsfähige Schüler sollten zusammensitzen, ebenso gilt es, nicht zwei potenzielle Störer in einer Gruppe zu haben. Achten Sie auf eine stimmige Mischung aus Jungen und Mädchen und bevorzugen Sie die Wünsche der Schwächeren und Abgelehnten.
Eine Platzierung darf von einem Schüler allerdings nicht als eine monatelange Zumutung empfunden werden, deswegen ist es erleichternd, wenn – wie bereits erwähnt – eine mögliche Rotation angekündigt wird.

# Teambildende Maßnahmen

Generell stärkt die Zusammenarbeit alles, was die Schüler einander näherbringt und die Gemeinschaft stärkt. Das beinhaltet

- außerschulische Unternehmungen (Wanderungen, Rallyes oder Ausflüge),
- teamstärkende Maßnahmen in der Schule (Turniere, Lesenacht, Gruppenspiele, Spaß-Aktionen, Koch-Events usw.),
- als Erfolg wahrgenommene Gruppenergebnisse im offenen Unterricht *(siehe dazu das Fallbeispiel „Australien" auf S. 63 f.),*

- Klassenfeiern und gemeinsame Unternehmungen – hin und wieder auch unter Einbeziehung der Eltern und
- die Betonung des Teamgeistes („Wir von der 8.1.1") durch
  - Abzeichen, Logos, einheitlich bedruckte T-Shirts
    *Diese können gemeinsam entworfen werden und mit entsprechenden Farben und einer Aufschrift bzw. einem Logo ggf. im Kunstunterricht selbst bedruckt werden. Ansonsten muss eine Firma im Internet gesucht werden, die den Druck übernimmt.*
  - ein Klassenlied
    *Diese Maßnahme ist besonders in jüngeren Klassen beliebt. Gemeint ist ein Repertoire von drei bis vier fetzigen Liedern, die statt der üblichen „Ole-Ole"-Fußball-Brüllerei angestimmt werden können.*

## Lerngemeinschaft als Ziel

Eine weitgehend reibungslose und produktive Kooperation zwischen Lehrern und Schülern bedingt auch, dass der Klassenlehrer seine Schüler ernsthaft in die Mitverantwortung für den Lernprozess einbezieht und ihnen Mitspracherechte einräumt, wo es eben sinnvoll möglich ist. So kann man bei lehrplangebundenen Themen die Schüler sehr wohl Schwerpunkte der Beschäftigung und mögliche Arbeitsmethoden auswählen lassen und ihnen so das Gefühl einer echten Beteiligung am Lernprozess geben.

### Fallbeispiel: Die Klasse erarbeitet ein Thema selbstständig

Herr Richter ist Klassenlehrer der 9.1.1. Er muss Geografie fachfremd unterrichten. Die Fachgruppe hat das Thema „Australien" festgelegt. Im Lehrbuch gibt es dazu viel zu wenig Material und Anregungen. Zudem ist Herr Richter als stellvertretender Schulleiter zurzeit in einen Schulentwicklungsprozess eingebunden, der ihm ganz wenig Zeit lässt. Er erklärt der Klasse die Situation und teilt mit, dass das Thema in selbstständiger Arbeit bearbeitet werden soll. Folgende Schritte seien dafür vorgesehen:

1. Findung von Teil-/Unterthemen
   An der Tafel/am Flipchart/auf großflächigem Papier werden Unterthemen gesammelt. Dabei gehen Schüler zunächst von ihren persönlichen Interessen aus (Herr Richter steuert den Prozess aber so, dass für jeden Schüler ein Teilthema wählbar ist).

2. Arbeitsauftrag
   Abgegeben werden soll ein persönlich gestaltetes DIN-A4-Blatt mit Überschrift, Bild oder Karte und vier Merksätzen, die später in einem Kurzreferat oder im Schülerunterricht (Schüler unterrichten Schüler) der Klasse nahegebracht werden sollen.
3. Bearbeitung
   In den nächsten Stunden bearbeiten die Schüler ihr Wahl-Thema selbstständig, sowohl in Klassen- und Arbeitsstunden als auch als begleitende Hausaufgabe (Internetrecherche).
4. Produkt
   Nach einer vereinbarten Zeit halten die Schüler Kurzvorträge. Die gesammelten Einzelbeiträge werden anschließend zu einem kleinen Heft zusammengestellt und für jeden kopiert.

Als im gedruckten Text Rechtschreibfehler auftauchen („Das blamiert uns ja …"), beschließt die Klasse, sich bei weiteren Projekten Hilfe bei der Textüberarbeitung zu holen. Herr Richter hatte die leichten Mängel absichtlich und stillschweigend zugelassen. Schließlich hatte jeder die Verantwortung für seinen Beitrag.

*Projektarbeit „Australien"*

## Klassen-Logbuch führen

Relativ aufwändig – aber spannend und ertragreich – ist die Führung eines Logbuches, das alle wichtigen Fakten über die Schule selbst, das Curriculum des Schuljahres, wichtige Termine, Möglichkeiten für Beiträge von Schülern, Eltern und Lehrern, Planungen für Projekte, Protokolle, Nachweis von Lernfortschritten, tagebuchähnliche Eintragungen usw. enthält. Kommerzielle Anbieter verlegen seit einiger Zeit passende Musterhefte.
*Hinweis: Beispiele finden sich u. a. auf dem Berlin-Brandenburger Bildungsserver, der die Führung des Logbuches (mit Beispielen) dem pädagogischen Feld der* **Demokratiepädagogik** *zuordnet.*[3]

[1] Sadigh, Parvin: Gut in Teamarbeit. In: „zeit-online“ vom 21.11.2017, *www.zeit.de/gesellschaft/schule/2017-11/pisa-teamarbeit-schueler-soziale-kompetenz*

[2] Vgl. Tuckman, Bruce W.: Development sequence in small groups. In: Psychological Bulletin, Volume 63, Number 6, 1965

[3] Siehe hierzu auch: Landesinstitut für Schule und Medien Berlin-Brandenburg (LISUM), *http://bildungsserver.berlin-brandenburg.de*
Anregungen zur Führung eines Logbuches findet sich vielfach im Internet.
Dazu einfach das Stichwort „Logbuch“ in die Suchmaske eingeben.

# 5 Der Klassenraum als förderliche Lernumgebung

# Der Klassenraum als pädagogischer Ort

Dass die bundesdeutsche Gesellschaft immer noch darüber hinwegsieht, dass viele Schulen vor sich hin schimmeln, Baumängel haben, abstoßende hygienische Verhältnisse aufweisen und (z. B. mit elektronischen Medien) erbärmlich ausgestattet sind, ist sicher ein Skandal. Immer noch wird generell die Bedeutung des Bildungswesens grob unterschätzt – da mögen die dauernden Sonntagsreden etwas anderes behaupten.

Aber abgesehen davon, in welchem Zustand die Gebäude an sich sind – was ist mit der Gestaltung des eigenen Klassenraumes? „Schulen sind in Wahrheit Kasernen", meint der Architekt Peter Hübner und ergänzt: „Das Klassenzimmer von gestern darf nicht Maßstab für das Lernen von morgen sein."[1] Normalerweise ist das Klassenzimmer der Raum, in dem die Schüler die meiste Zeit verbringen und mit dem sie sich identifizieren können – im besten Fall ein Stückchen Heimat innerhalb der Schule.
Alle Didaktiker sind sich einig, dass die Lernumgebung einen wesentlichen Teil des Unterrichtserfolges befördern kann, auch wenn das noch nicht bei allen Lehrenden angekommen ist. Freudlose, standardisierte Räume ohne Gesicht und ohne eine einigermaßen flexible Bestuhlung, ohne Möglichkeiten, Material zu lagern und Inseln des Rückzugs und der Ruhe zu schaffen, fallen als nicht mehr zeitgemäß auf.

*Leerer, freudloser Klassenraum*

Schwierig wird es, wenn eine Schule auf das Prinzip des Fachraums anstelle des individuellen Klassenzimmers setzt. Der Fachlehrer sitzt in seinem Raum, die Schüler wandern heimatlos herum (Wanderklasse).

Nicht gemeint sind hierbei selbstverständlich die notwendigen Fachräume mit besonderer Ausstattung für Naturwissenschaften, Kunst, Sport, Musik, Computer usw. Was nicht bedeutet, dass nicht auch diese Räume eine pädagogisch günstige Gestaltung aufweisen sollten.

Die wenigsten Schulen können sich glücklich schätzen, neben den Klassenräumen angegliederte Arbeits- bzw. Gruppenräume zu haben. Das wäre aber eine gute Voraussetzung für Gruppenarbeiten, Projekte oder die einfache Teilung in Laut- und Leise-Bereiche. Bei der Suche nach alternativen Arbeitsräumen zum Klassenzimmer gibt es – je nach Schulbau – manchmal noch Arbeitsmöglichkeiten auf dem Flur oder in der Bibliothek.

## Funktional und gemütlich – geht das?

Im schon erwähnten Interview mit dem Architekten Hübner wird der Schulleiter Wolfgang Harder mit der Einschätzung zitiert: „Die Kinder werden in den standardisierten Klassenzimmern zu Mitläufern dressiert [...] Denn das hat nichts mit dem zu tun, was wir im 21. Jahrhundert brauchen: Das Potenzial jedes Einzelnen zu erkennen und zur Geltung zu bringen. Die Freiheit zu haben, je nach Thema und Aufgabe Teams von Schülern bilden zu können. Zu experimentieren, zu forschen, zu denken."[2] Peter Hübner wiederum macht dann Vorschläge für Schulbau und Klassengestaltung Zukunftsmusik, die wir hier nicht diskutieren wollen, solange in den meisten Schulen nicht einmal die Toiletten annehmbar sind oder die Verdunkelungen funktionieren.

Weil viele Kommunen das Erscheinungsbild ihrer Schulen und Klassen vernachlässigen, müssen nicht selten Eltern als Helfer herangezogen werden. Entstehende Kosten für Farbe und Material müssen häufig durch Spenden oder die Klassenkasse beglichen werden. Man kann allerdings versuchen, der Schulverwaltung wenigstens einen Beitrag zum Material abzugewinnen – wenn schon eine professionelle Renovierung der Klasse nicht erreichbar ist.

# Funktionszonen und Gestaltung

Eigentlich sollte es in jeder Schule zumindest möglich sein, den Klassenraum in Funktionszonen aufzuteilen. Maria Montessori sprach in diesem Zusammenhang von der **vorbereitenden Umgebung**[3].

Dazu gehören:

- Instruktions- und Präsentationsbereiche (Pult, Tafel),
- Lernbereiche (Tischgruppen),
- Selbstarbeitsbereiche als Ruhezone (Schüler können hier allein arbeiten),
- Computerecken,
- Sitzecken (Diskussionsgruppen, Erholungsbereich),
- Wandflächen als „Gedächtnis" für Arbeitsergebnisse, auf die immer wieder Bezug genommen werden kann,
- und viele andere Gestaltungsmöglichkeiten innerhalb eines beschränkten Raumangebots, dass durch flexible Nutzung allerdings praxiskonformer gestaltet werden kann.

Die **Gestaltung der Wände** in einem Klassenraum ist Teil der Bemühungen, eine gute Lernatmosphäre zu erzeugen.

*Gestaltung des Klassenraums*

Folgende Punkte dienen als Anregung:

- eine freundliche und helle Wandfarbe (Unterschiedliche Farben haben unterschiedliche Effekte: grün = beruhigend, hellblau = kühl, gelb = motivierend. Eine großflächige Bemalung mit gegenständlichen Motiven hingegen sorgt mitunter für visuelles Chaos.)
- eine weiße Freifläche für Projektionen
- Schüler-Steckbriefe, Ergebnisse aus den Unterrichten (Kunstprodukte, selbst gestaltete Geografie-Karten, Modelle usw.)
- Schüler-Fotos oder Zeichnungen („Mein Lieblingstier", „Mein Hobby", „Mein Lieblingsplatz im Wohnumfeld", „Mein Traum ist …", „Was ich einmal werden möchte …" usw.)

- großflächige Bildgeschichten/Comics, zusammengesetzt aus z. B. 30 Zeichenblock-Blättern (Eine Epoche aus dem Geschichtsunterricht („Urks Erlebnisse in der Steinzeit"), eine Lektüre („Rolltreppe abwärts") u. Ä. wird in 30 Segmente aufgeteilt, gestaltet und als eindrucksvolle Bildgeschichte zusammengesetzt.)
  *Es lohnt sich u. U., Kunstlehrer hinzuzuziehen, die farbliche und technische Vorschläge machen können (Rasterverfahren, Projektionstechnik zur Übertragungen von Abbildungen usw.).*
- ausreichend große Multifunktionsfläche (Pappe, Pinnwand) zur Präsentation von Arbeitsergebnissen (Das könnten sein: Aspekt-Karten, längerfristige Aufgaben, Merk-Notizen z. B. für Wünsche der Klasse, Themen für den Klassenrat, Projektvorschläge usw. Diese sind mit Malerband leicht anzubringen und wieder abzunehmen.)
- Lernkarteien, Bild-Kisten zur Anregung (Themenfindung zu freien Texten, Vorhaben usw.)
- offizielle Dauer-Aushänge auf Plakatkarton oder festem Untergrund (z. B. Organisationshilfen, wie Stundenplan, (Halb-)Jahresplan, Klassenämter, Sitzplan, Klassenregeln)

Zur Adventszeit mögen Scherenschnitte oder transparente Arbeiten angenehm und nett sein, aber übers Jahr sehen die Fenster mit verknickten, ausgeblichenen oder aufgequollenen Aufklebereien meist nicht so toll aus. Wer es dennoch mag, muss diese Aushänge sehr pflegen – im Übrigen ist der Blick ins Freie auch nichts Schlechtes.
Optisch kühle und schallungünstige Räume könnten auch Dekostoffe oder Vorhänge vertragen. Dies ist aber oft zu schwer zu verwirklichen und auch teuer.

# Ausstattung

In den Dialogen zwischen Lehrenden und Lernenden fallen häufig die Begriffe „Ordnung halten" und „Aufräumen". Für Schüler ist es anerkanntermaßen nicht leicht, Arbeitsblätter, Unterrichts-Mitschriften und Hausaufgaben für die verschiedenen Fächer intelligent zu verwalten. Dazu kommen noch solche Arbeiten, die sich in der Fertigstellung befinden.
Eine große Hilfe kann deshalb die strukturierende Ausstattung des Raumes sein.

**Regale und Ablageflächen mit Namensschildchen** für Schülermaterialien sind sehr vorteilhaft und absolut notwendig. Manche Schulen haben Schließfächer, andere Regale, wo jeder Schüler ein kleines Fach hat, um Bücher und Mappen abzulegen, die nicht täglich mit nach Hause genommen werden müssen. Ein Ablage-Körbchen, eine sogenannte **Material-Box**, für angefangene Arbeiten sollte mindestens vorhanden sein. Es gibt im Handel auch kleine Kartonschuber mit zwei oder drei herausziehbaren Fächern, die Schüler anschaffen können.

In einem **verschließbaren Schrank** kann man Dinge verwahren, die sich auch in der Moderation von Lehrerfortbildungen bewährt haben, die aber nicht für die Material-Boxen der Schüler geeignet sind, z. B.:

- 1 Locher A4
- 1 Stahllineal
- Cutter-Messer zum Zuschneiden von Karton
- Scheren-Set
- farbige Aspekt-Karten und Papierstreifen
- Marker in unterschiedlichen Farben und Breiten
- Pinnnadeln
- Klebeband (Malerband und Klebefilm)
- 1 Rolle Teppich-Klebeband (Das Klebeband haftet auf Flächen und befestigt Papierbögen ohne sichtbare Klebeecken.)
- großflächiges Papier/Flipchart-Blocks in Rollen
- Namenskarten mit den einzelnen Schülernamen im Kartenspiel-Format
  *Statt des von Schülern manchmal als „willkürlich" empfundenen Drannehmens entscheidet die verdeckt gezogene Karte darüber: „Ach Tina, du bist es, trage bitte die Ergebnisse vor!"*
- Karton mit Requisiten für kleine szenische Darstellungen (Kappen, Umhänge, Brillengestelle, Gummi-Nasen usw.)
- Illustrierte zum Ausschlachten (Bilder-Fundus für verschiedene Zwecke)

**Fensterbänke und Extratische** können, passend zu den Unterrichtsthemen, für kleine Ausstellungen genutzt werden und mit Skulpturen, Modellen (z. B. Windschirm, Höhle, Flechtwandhaus für die Frühzeiten) etc. bestückt werden.

Ein **Plakat mit einer Liste an Arbeitsmaterialien** ist hilfreich, damit Schüler nicht zu Beginn einer Stunde im Unklaren darüber sind, welche Materialien sie benötigen. An der Liste können sie sich orientieren, ohne die beginnende Stunde durch Nachfragen zu stören („Brauchen wir das Deutschbuch?"). Derartige Klärungen im Vorfeld helfen dabei, wertvolle Unterrichtszeit nicht mit hektischem Herumgerenne zu vergeuden.
Die Hinweistafel sollte vom Fachlehrer zur nächsten Stunde aktualisiert werden. Technisch ist dafür eine Ergänzungs- bzw. Änderungsmöglichkeit vorzusehen, z. B. ein abwischbares Whiteboard oder weitere Aspekt-Karten, wenn z. B. in Mathematik der Zirkel zusätzlich benutzt werden soll.

Eine **Computerecke** ist wunderbar, aber leider nicht immer realisierbar. Die Frage ist: Bestehen überhaupt die Voraussetzungen für das oft vollmundig propagierte digitale Lernen in der Klasse? Es mag ja schön sein, dass Schüler in Estland inzwischen Antworten in Form von QR-Codes auf das Smartboard an der Klassenwand senden – aber in meiner Schule gab es nur uralte, aussortierte Computer – manche ohne Internetanschluss, Spenden von Versicherungsunternehmen aus der Nachbarschaft.

Ein Platz im Klassenraum, der mit einer Matte oder einer Couch sowie mit Büchern und Comics ausgestattet wird – und schon gibt es sie, die **Leseecke**. Hier ergibt es Sinn, auf für Kinder verwendbare Publikationen zu achten (z. B. Geo, Geolino, Löwenzahn, Welt der Wunder, Galileo genial, Tierfreund, Dein SPIEGEL, Stafette, Apotheken-Umschau u. v. m.). Erwachsenen-Illustrierte (Stern, Bunte, Maxi, Tina usw.) sollte man auf Sex-Seiten und gewagte Abbildungen durchblättern und diese herausreißen – es gibt immer Spaßvögel, die damit nur Unfug treiben. Spiele können aus Schülerspenden gesammelt werden, falls dazu kein eigener Freizeit-Etat zur Verfügung steht. Anregungen dazu auch bei Birgit Gegier.
*(Siehe dazu die Literaturtipps auf S. 196)*
*Achtung: Hier meckern die Putzfrauen oft, denn diese Ecken vermüllen leicht. Also strikt Ordnung halten!*

Ein verschließbarer **Briefkasten** kann dafür verwendet werden, dass Schüler Mitteilungen an ihren Klassenlehrer oder die Mitschüler loswerden können. Hier kann eingebracht werden, was Schüler (auch anonym) anzumerken haben: Vorschläge, Anregungen, Nachfragen und Beschwerden zu Fachunterrichten oder Klagen über Mitschüler oder Gruppen („Kummerkasten").

Die didaktische Bedeutung von unterschiedlichen Stell-Möglichkeiten der Tische und Stühle und der damit einhergehende **Bestuhlungsplan** wird häufig unterschätzt. Mal liegt es an der Bequemlichkeit der Lehrpersonen, die ein geräuschvolles Umräumen als Zeitverschwendung empfinden, mal sind Mobiliar und Raumschnitt nicht besonders optimal. Es hat auch schon Beschwerden von Fachlehrern gegeben, die nacheinander im selben Raum unterrichten mussten („Die Meier bringt mir immer den Raum durcheinander!"). Dennoch ist die Platzierung für bestimmte Lernarrangements von entscheidender Bedeutung für den Erfolg des Unterrichts. Das Wichtigste dabei ist, dass die Flexibilität für den schnellen Wechsel der Sozialform gewahrt wird: frontale Unterweisung, Einzelarbeit (z. B. bei freier Arbeit, Test u. a.), Partner- und Gruppenarbeit, Gesprächskreis, freie Arbeit usw.

Beispiele für Arrangements:

### 1. frontal ausgerichtet

Die U-Form behält die Konzentration auf das Pult und die Tafel bei, ermöglicht aber eine Zusammenarbeit der Nebeneinandersitzenden, z. B. bei der Partnerarbeit. Ein weiterer Vorteil: Alle können sich sehen!

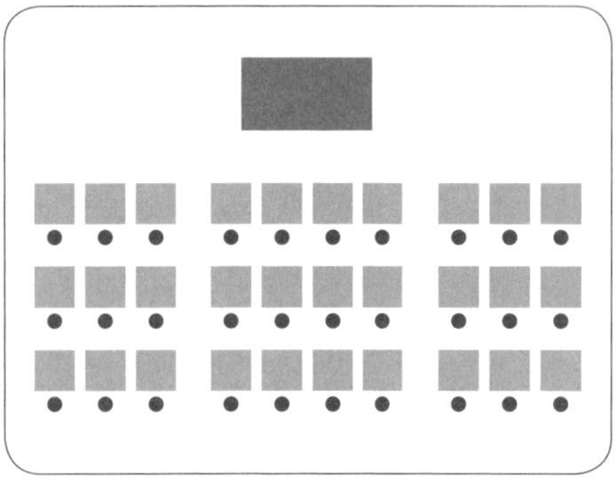

*Die Form entspricht den in der Vergangenheit üblichen Bankreihen.*

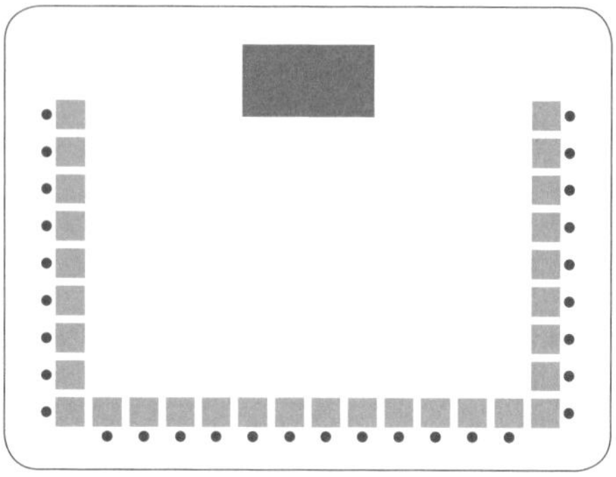

*Zentrierung der Tische auf Pult und Tafel (U-Form)*

### 2. auf die Gruppe bezogen

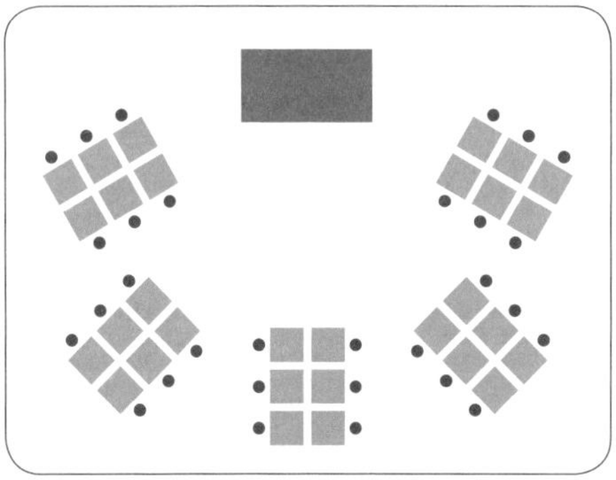

*Die 4er- und 6er-Gruppen können selbstständig arbeiten, haben aber durch die Ausrichtung der Tische bei Bedarf auch einen Blick auf Tafel und Pult.*

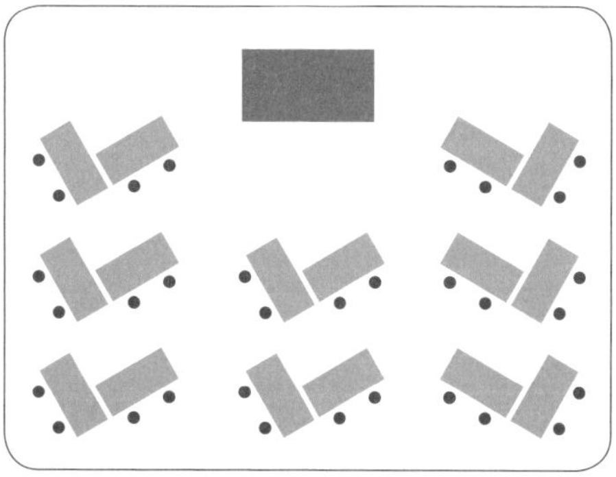

*Die umgangssprachlich als Fischgräten- oder Nierenform bezeichnete Sitzordnung kombiniert Gruppenarbeitsmöglichkeiten mit freiem Blick zur Tafel.*

### 3. Sonderformen

Jedem ist der berühmte Stuhlkreis seit Kindergartenzeiten ein Begriff. Er ist für Besprechungen die ultimativ angebrachte Form – jeder nimmt jeden wahr! Zur Findung von Aspekten zu bestimmten Themen ist auch der doppelte Stuhlkreis *(„Kugellager", siehe auch S. 81)* möglich, bei dem sich die Beteiligten im Außen- und Innenkreis einander zugewandt gegenübersitzen. Durch Platzwechsel kann ein umfassender Austausch stattfinden.

**Fallbeispiel: Pult in die Klasse integriert**

In den Projektwochen – oder bei arbeitsunterrichtlichen Verfahren – haben wir in unserer Klasse das Lehrerpult dezentral angeordnet. An der Tafelwand war dann eine der Präsentationsflächen. Als Lehrer geht man so „in der Schülerschaft unter". Spontan hereintretende Kollegen recken dann den Hals, um den Klassenlehrer zu finden. Der sitzt aber irgendwo im Plenum und bespricht den Fortgang der Arbeit mit den Schülern.

Wir hätten diese Form gern beibehalten, weil sie die Rolle des Lehrers als Senior-Mitarbeiter der Schüler kennzeichnet. Die Lerngruppe (hier sichtbar: Schüler und Lehrer) ist bei der Arbeit, an der Stirnwand erscheinen die Arbeitsergebnisse, um die es geht – hier steht (oder sitzt) nicht der Ober-Dirigent, der die Klassen vom Katheder her grimmig überwacht. Aber Vorhaltungen der Kollegen, dies sei für folgende Unterrichte unpraktisch, führten zum Umräumen beim Arbeitsschluss und zur Wiederherstellung der zentralen Position des Pultes.

**Möglichkeiten zu intensiver Gruppen- oder Projektarbeit** sollten in einem Klassenraum ebenfalls gegeben sein. Wenn die Phase der Eingewöhnung in Sozialformen und Arbeitsmethoden fortgeschritten ist, hängt viel von der oben besprochenen Gestaltung des Klassenraumes ab. Wie das Bild auf Seite 76 („Aufteilung Klassenraum") zeigen will, sind die unterschiedlichen Aktivitäten sehr wohl nebeneinander in einem Raum möglich. Es bedarf dazu einer gewissen gegenseitigen Rücksichtnahme und einer Einübung in ein „Lautstärken"-Management.

*Es sei an die Ausführungen zu den Ruhezeichen auf S. 47 und das Reglement der Arbeitsstunden auf S. 54 erinnert.*

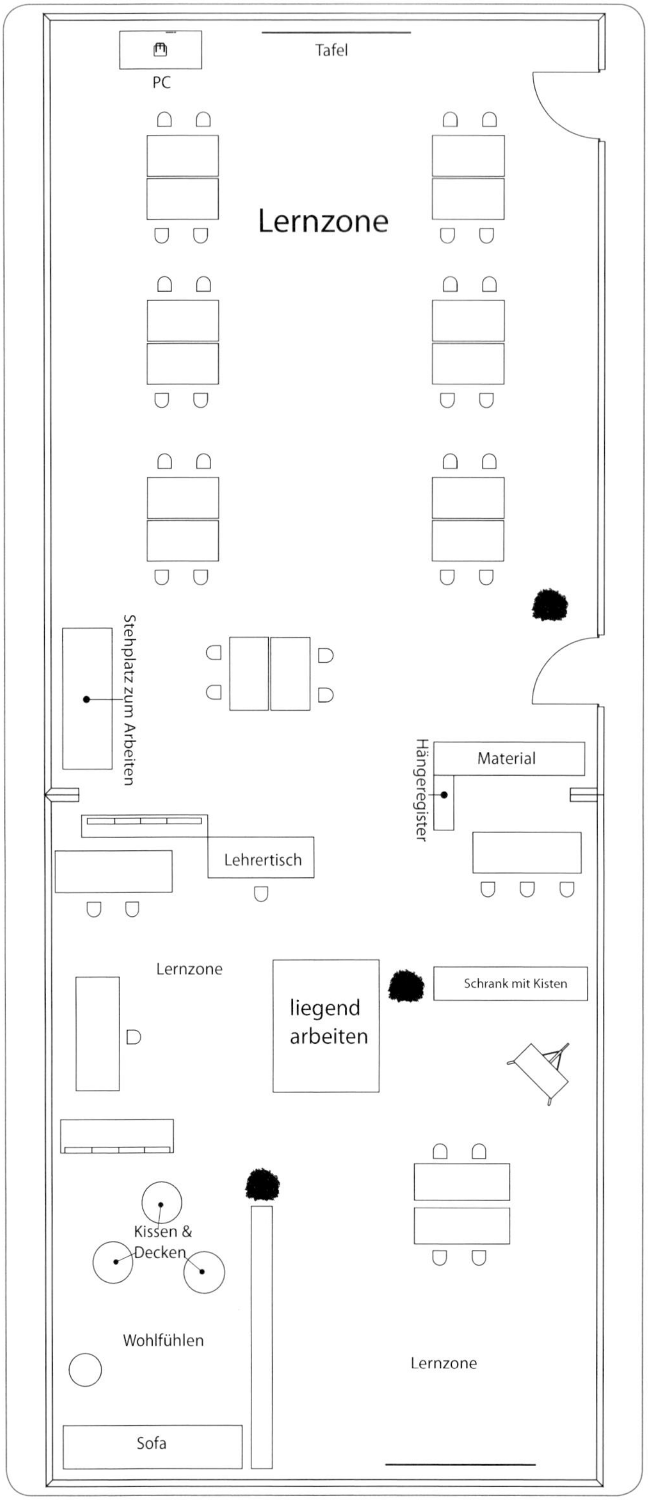




*Aufteilung Klassenraum*

Wie viele andere Methoden und Arbeitsformen muss auch die flexible **Handhabung** des Klassenraums geübt werden. Der Klassenlehrer darf sich von der Lautstärke und dem Orientierungschaos der ersten „Umzugs-"Versuche nicht beeindrucken lassen. Den schnellen Umbau des Lernsettings kann man mit der Stoppuhr und Abschätzen der immer geringer werdenden Lautstärke einüben. Die Schüler nehmen diese Übung sportlich und versuchen zunehmend, den Vorgang leise und geschmeidig durchzuführen.

Den Klassenraum als Ort für längere **Pausen** zu verstehen, fällt vielen Lehrern sehr schwer, wird aber von den Schülern dennoch gerne eingefordert. Jedem ist sofort klar, dass nach der kognitiven Arbeit und dem für Jugendliche schwer auszuhaltenden Mangel an Bewegung ein Ausgleich in einer frei zu nutzenden Pause nötig wird. Oft kann schon in einer Doppelstunde die Arbeit mit einer körperbetonten Aktion unterbrochen werden (Anspannungs- und Lockerungsübungen, Kopf auf den Tisch legen, für zwei Minuten aufstehen und herumgehen, Stille-Übungen, Musik hören usw.).
Besonders gern bleiben Schüler aber auch in ihrer Klasse bzw. auf dem angrenzenden Flur. Hier ist ihre „Heimat" in der Schule, hier kann man in größerer Ruhe als auf dem quirligen Schulhof mit der Freundin sprechen, hier kann man sich auf die folgende Englischstunde einstellen, weil man zum Vokabellernen nicht gekommen ist. Hier kann man auf dem Flur Freunde aus der Nachbarklasse treffen, mit denen man sich für den Nachmittag verabredet. Und last but not least: Manche sind müde oder bewegungsfaul – und sind froh, in der Leseecke „abzuhängen".
*Achtung: Die Schulen haben unterschiedliche Regelungen für die „offene Klasse" entwickelt. Was an unbeaufsichtigtem Verbleib in den „kleinen" Pausen (zwischen zwei Unterrichtsstunden) akzeptiert wird, muss nicht für „große" Pausen oder die Mittagsfreizeit gelten.*

Die **Instandsetzungsinitiative** ist eine kleine Gruppe, die für kleine Reparaturen, den Klassenraum betreffend, verantwortlich zeichnet und sich neben den regulären Aufräumdiensten bewährt hat. Denn ein von vielen Jugendlichen aktiv genutzter Raum kann nicht immer wie im Hochglanzprospekt eines Möbelhauses aussehen.
Grundsätzlich gilt aber für alle Nutzer eines Klassenraums: Nichts bleibt beschädigt herumliegen oder -hängen! Defekte Möbel werden zum Hausmeister gebracht, Aushänge, Bilder, Pläne, die herunterhängen, werden sofort (!) in Ordnung gebracht.
*In meiner Klasse war eine entschlossene Task-Force mit Klebestreifen unterwegs, die ständig nach dem Rechten sah.*

Resümierend lässt sich sagen: Wie bei allen Fragen der Zusammenarbeit kann der Klassenlehrer zwar Vorschläge zur Gestaltung des Klassenraumes machen, letztendlich kommt es aber nur zu einer funktionierenden Zusammenarbeit, wenn Schüler und Fachkollegen die vereinbarten Systeme kennen, gutheißen und nutzen. Vieles kann auch erst einmal ausprobiert und später zugunsten einer besseren Lösung verändert werden. Stühle und Tische sind ja nicht einbetoniert. Erfahrene Klassenlehrer berichten davon, dass sie auch für bestimmte Zeiten von Umbruch und Unruhe die Gruppentische vorübergehend weggelassen haben.

Die Sitzordnung wurde dann für eine bestimmte Zeit in die U-Form oder die (althergebrachten) frontal ausgerichteten Reihen geändert. Sehr bald konnten die Schüler verstehen, dass sich der Kontakt zu anderen Schülern und die Möglichkeiten der Zusammenarbeit unangenehm reduzierten. Wollte man zur ursprünglichen, eher kommunikativen Form zurückkehren, mussten bestimmte Bedingungen eingehalten werden.

[1] Füller, Christian: Schulen sind in Wahrheit Kasernen. Interview mit dem Architekten Peter Hübner. In: „taz" vom 12.02.2009, *www.taz.de/!5168012/*

[2] Ebd.

[3] Vgl. Steenberg, Ulrich: Vorbereitende Umgebung. In: Steenberg, Ulrich (Hrsg.): Handlexikon zur Montessori-Pädagogik. Ulmer Beiträge zur Montessori-Pädagogik, Band 4. Kinders Verlag: Ulm 2003

6

# Positive Beziehungen aufbauen und das Miteinander stärken

*„Eine pädagogische Schule braucht nicht nur Leistungsstandards, sondern auch humane Standards: Kein Kind darf geängstigt, beleidigt, ausgelacht, überfordert, seelisch verletzt werden. Menschenrechte sind auch Schülerrechte. In einer demokratischen Schule wandelt sich das Bild des Lehrers vom Wissensvermittler zum Lehrer-Sein als helfendem Beruf."* [1]

Wer in Kontakten mit anderen Menschen nicht nur ein technokratisches Verständnis des Zusammenlebens hat, wird sich anderen zuwenden und versuchen, eine möglichst positive Beziehung aufzubauen. Bei Freundschaften und Partnerschaften findet dies jeder selbstverständlich, bei Arbeitsbeziehungen gerät das aber oft in Vergessenheit. Man verhält sich eben „professionell" und Schluss! Ein Klassenlehrer darf hingegen nicht vergessen, dass unter Professionalität in seinem Beruf auch das erzieherische Element fällt, das ohne die emotionale Bereitschaft, jeden der anvertrauten Jugendlichen wertzuschätzen, keinen Sinn ergeben würde. Dazu muss er die Defizit-Brille absetzen, durch die man nur die Mängel sieht, ohne sich für eine positive Entwicklung einzusetzen.

# Schaffung eines positiven Arbeitsklimas

Ein Klassenlehrer, der den Aufbau von guten Beziehungen mit und in der Lerngruppe fördern will, muss seine Führung vor allem pädagogisch einfühlend ausrichten. Wie schon in der Rollendiskussion *(siehe dazu „Klassenführung – wie macht man das?" auf S. 7)* angesprochen, ist dafür eine Loslösung vom traditionellen Bild des „Paukers" nötig. Allerdings: Was heißt schon traditionell? Als der Leistungsgedanke und die Auslese nach Begabungen noch nicht das Leitthema schulischer Erziehung waren, gab es genügend Lehrerpersönlichkeiten, die ein anderes Menschenbild vertraten. Es waren die interessanten Typen der Reformpädagogik, der Arbeitsschulbewegung, der Erlebnispädagogik und der Landerziehungsbewegung [2], die Schule eher vom Kind her verstanden. Sie gingen davon aus, dass die Schule eine Art Heimat sein müsste, wo Lernen und Leben angstfrei möglich sind – und das geht nicht ohne die Schaffung eines harmonischen Miteinanders.

Aktuell fordern zahlreiche Bildungspläne die Entwicklung von sozialen Kompetenzen, die das Zusammenleben erleichtern sollen. Ökonomen sprechen da eher von förderlichem Betriebsklima, das wichtig für die Erzielung von Kooperation und erfolgreicher Unternehmenstätigkeit sei. Diese partnerschaftliche und freundliche Atmosphäre aufzubauen, bedarf einiger Bemühungen.

Hier einige Hinweise, was dabei nützlich sein könnte:

- Selbstreflexion für Lehrer und Lehrerteams
  „Welche Werte für das Klima in unseren Klassen sind mir/uns wichtig? […]
  Was verstehe ich unter diesem Wert? […]
  Positive Beispiele: Situation, in der es mir/uns gelungen ist, diesen Wert umzusetzen: […]
  Negative Beispiele: Situation, in der es mir/uns nicht gelungen ist, diesen Wert umzusetzen: […]
  Für welche Spielregeln werde ich mich/werden wir uns einsetzen?“ [3]
- Erkunden der Situation von Einzelnen und der Klasse
- Blitzlicht
  Meinungen und Stimmungen einzelner zu einem Thema oder einer Situation werden kurz reihum geäußert.
- Plusminusrunde
  Feedbackrunde, bei der jeder Schüler seine positiven und negativen Erfahrungen über die Unterrichtswoche, über einzelne Stunden usw. äußern darf. Keiner darf die getätigten Aussagen sofort kommentieren. Anschließend ist der nächste Schüler dran. Dieses Verfahren soll Schüleräußerungen ermöglichen, die zunächst ohne Gegenrede bleiben, um die Sprecher nicht sofort einer möglicherweise kontroversen Diskussion auszusetzen. Ist die Feedbackrunde beendet, können selbstverständlich vorgetragene Probleme oder Erfolge diskutiert werden.
- Kugellagerdiskussion zu einem vereinbarten Thema
  Die Schüler werden in zwei Gruppen aufgeteilt und bilden mit ihren Stühlen zwei Stuhlkreise, einen inneren und einen äußeren. Die Stühle der beiden Kreise sind dabei einander zugewandt, sodass diejenigen, die darauf sitzen, sich anschauen. Dann setzen sich die Schüler auf die Stühle und beginnen, sich mit dem jeweiligen Gegenüber auszutauschen. Nach wenigen Minuten erfolgt der Wechsel: Der Innenkreis rutscht einen Stuhl nach links, der Außenkreis rutscht einen Stuhl nach rechts. So sitzen sich neue Leute gegenüber und führen die Diskussion fort. Auf diese Art werden die unterschiedlichen Aspekte gesammelt. Die Teilnehmer äußern dann, was sie an neuen Gesichtspunkten gehört haben und für das Thema wichtig finden.
- Stimmungsbild
  Jeder Schüler bekommt eine Kopie des Bildes *(siehe Vorlage „Stimmungsbild“ S. 187)* mit der Arbeitsanweisung: An welcher Stelle befindest du dich stimmungsmäßig? Male dich an eine Stelle in das Bild ein und erkläre, warum du diese Stelle gewählt hast.

*Stimmungsbild*

# Beispiele für die Arbeit mit Schülern

An den im Folgenden ausgeführten Beispielen wird noch einmal deutlich, wie sich die Klassenführung von der Erteilung von Fachunterrichten unterscheidet. Neben seinem Lehrauftrag in den eigenen Fächern bleibt dem Klassenlehrer auch die Verantwortung für die Psychohygiene in seiner Lerngruppe. Dazu kommen Gemeinschaftsspiele, Entspannungsübungen, der Aufbau von Selbstvertrauen und Selbstwertgefühl sowie die Hebung der allgemeinen Motivation als Bausteine zur Persönlichkeitsentwicklung infrage.

## Entspannungsübungen

Beobachtet man Lehrerkollegen nach einer 2-stündigen Konferenz oder in einer Fortbildung, sieht man deutlich, wie Ermüdung und Anspannung die Konzentration schwächen. Viele Pädagogen wissen von ihren Ängsten vor Klausuren an der Hochschule zu berichten. Um wie vieles mehr benötigen Kinder und Jugendliche Hilfe, wenn sie nach der 4. oder 5. Stunde ausgelaugt sind oder Angst vor dem anstehenden Deutsch-Test haben. Vielen Schülern wird immer wieder bescheinigt, was sie alles nicht können. Dem entgegenzusteuern, ist eine schwierige, aber verdienstvolle Aufgabe.

Schülern kann auch mit Entspannungsphasen geholfen werden. Die nachstehend erwähnten Aktionen sind nur kurze (und wenige) Beispiele für ein ganzes Spektrum von Interventionen, die zum pädagogischen Handwerkszeug gehören sollten. Die **Progressive Muskelentspannung** nach Jacobson ist fast überall sofort und ohne große Vorbereitungen oder Kenntnisse durchzuführen.

So funktioniert die Entspannung:

1. eine ungestörte Ecke finden, wo man bequem sitzen oder liegen kann
   *Die Methode funktioniert zur Not auch auf einem Stuhl sitzend mitten in einer Prüfungsphase.*
2. enge Kleidungsteile ein wenig lockern
3. nacheinander Körperteile/Muskelpartien anspannen, für einige Sekunden die Spannung halten, dann wieder entspannen. Dabei geht man folgendermaßen vor: nacheinander die linke Hand, Unterarm, Oberarm anspannen und wieder lösen; anschließend die rechte Hand, Unterarm, Oberarm anspannen und wieder lösen; als Nächstes Stirn, Augenumgebung, Nase, Mund anspannen und wieder lösen; dann auf der Körperrückseite den Nacken, die Schultern, Rücken, Bauch, Po, linken Ober- und Unterschenkel, linken Fuß, rechten Ober- und Unterschenkel, rechten Fuß anspannen und wieder lösen.
4. Bei der Entspannung sollte auf den Körper und den Pulsschlag geachtet werden.

Die Übung **Schnelle Hilfe** ist nach dem gleichen Prinzip aufgebaut, aber nicht ganz so zeitintensiv:

1. alle Muskeln gleichzeitig für 6–7 Sekunden anspannen
   *Man kann nachhelfen, indem man mit beiden Händen die Stuhlfläche an den Rändern fasst und sich mit aller Kraft darauf zieht.*
2. anschließend die Spannung lösen und die Entspannung spüren
3. evtl. wiederholen

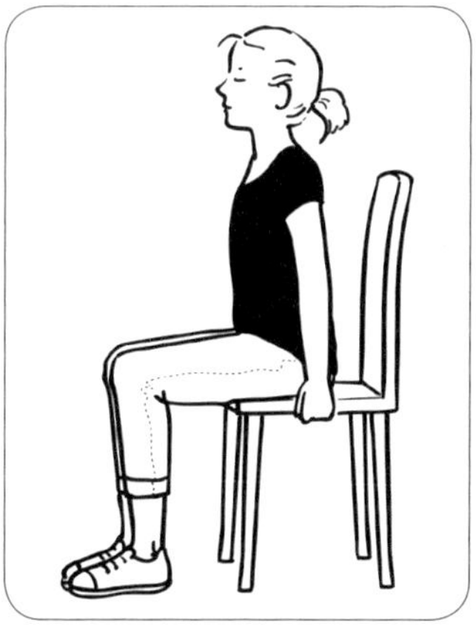

*Schnelle Hilfe*

Bei der **Traumreise** versucht man, die Realität mit ihrem Druck für einen Moment gedanklich zu verlassen. Man stellt sich eine angenehme oder auch verrückte Situation vor und bleibt in Gedanken für 1–2 Minuten in diesem Gedankenspiel, z. B.: Die Schüler setzen sich entspannt hin und legen den Kopf auf die Arme/den Tisch, sie schließen die Augen. Der Lehrer erzählt in ruhigem Ton: „Ein bunter Bus hält vor der Schule bzw. dem Prüfungsort. Ihr steigt ein und das Gefährt erhebt sich in die Wolken. Ihr seht die Welt von oben, fühlt euch leicht und schwebt über den Ort hinweg über eine bunte Landschaft ..."

Ein selbst gewolltes – also nicht spontanes – **Lächeln** aktiviert Bereiche des Gehirns, die eine positive Wirkungen haben:

1. die Augen kurz schließen
2. dann zu sich selbst sagen: „Ich bin ruhig und entspannt" und „Ich denke an etwas Schönes. Ich muss lächeln."

Zum Schluss kommen hier noch zwei Hinweise, die den Schülern mit auf den Weg gegeben werden können:

- Es bietet sich an, die Übungen schon mal zu testen, um im Ernstfall schnell darauf zurückgreifen zu können, z. B. um Prüfungsdruck entgegenzuwirken.
- Manche Methoden greifen stärker in den Kreislauf ein, als man denkt (z. B. das Autogene Training). Daher ist es von Vorteil, diese Übungen nicht allein durchzuführen.

## Gemeinschaftsspiele

Die Fülle der möglichen Spiele soll hier nicht detailliert dargestellt werden.
*Einige wurden schon unter „Kennenlernspiele" auf S. 30 genannt.*
Unter dem Schlagwort „Gruppenspiele" oder „Gemeinschaftsspiele" finden sich bei kurzer Internetrecherche Spiele für alle Altersgruppen, die geeignet sind, die Gruppe näher zusammenzubringen.

**Fallbeispiel: Gemeinschaftsspiel „Böse Sieben"**

Hierbei handelt es sich um ein ganz simples Spiel. Es hat in flauen Phasen meine Klasse wach gemacht und führte schnell zu neuer Konzentration. Es funktioniert aber auch als Konzentrationsbringer in Vertretungsklassen.

**So geht's:** Alle stehen auf. Der Lehrer zeigt auf einzelne Schüler, die der Reihe nach die Zahlenreihe aufsagen („1!", „2!", „3!" usw.), jeder jeweils nur die nächste Zahl.
**Aber:** Die Zahl 7 selbst und alle Zahlen der 7er-Reihe (auch 17, 27, 37 etc.) sind tabu. Wer sich verspricht oder die nächstfolgende Zahl nicht richtig nennen kann, muss sich hinsetzen. Am Ende stehen nur noch wenige Champions, zwischen denen eine harte Ausleserunde ausgetragen wird. Die Heiterkeit wächst, wenn der Lehrer in steigender Geschwindigkeit auf immer andere Schüler deutet.

**Ergebnis:** Die Schüler sind konzentriert, weil sie die Spielsituation beobachtet haben; den unbestellt hereingeschneiten Vertretungslehrer haben sie wegen seiner Entertainer-Aktion schon ein wenig ins Herz geschlossen und folgen willig seinen weiteren Anweisungen. Alles gut!

## Vergewisserung des Lernerfolges

Schüler sollten das Gefühl haben, dass sich ihr Klassenlehrer für ihren Lernfortschritt interessiert. Ein gutes Mittel sind häufigere Rückfragen à la „Interessiert euch das?" bzw. „Was findet ihr interessant, was weniger?". Vorwissen von Schülern einzubeziehen, gibt ihnen das Gefühl, wirklich beteiligt zu sein.

Auch die Rückversicherung, ob wirklich alle folgen konnten und das zu Lernende verstanden haben, sind überaus nützlich. Um das zu überprüfen – und langsamen Lernern eine Chance zur Verbesserung des Verständnisses zu geben – plant man an entscheidenden Punkten des Unterrichts eine Schüler-Wiederholung ein. Dazu kann man wechselnden Schülern eine grüne „Experten-Karte" mit der Bitte in die Hand geben, mit eigenen Worten noch einmal darzustellen, worum es im Wesentlichen ging. Das steigert meist die Aufmerksamkeit und hilft schwächeren Schülern, wenn einmal versehentlich zu elaboriert daherdoziert wurde.

*Achtung: Lassen Sie nicht immer die kleine „Professorin" berichten! Schwächeren Schülern hilft man, indem man ankündigt: „Bert, du sollst gleich wiederholen. Mach dir schon mal zwei, drei Stichpunkte dazu."*

## Förderung von Selbstvertrauen und Selbstwertgefühl

Das zu fördernde Selbstvertrauen umfasst die positive Einschätzung dessen, was sich jemand zu tun und zu leisten zutraut. Selbstwertgefühl beschreibt dagegen eher ein Gefühl, das auch bei weniger guten Leistungen nicht so schnell ins Wanken kommt. Jemand fühlt sich „wertvoll", mit all seinen Vorzügen und Schwächen. Er hat internalisiert, dass seine Person Anerkennung bekommt. Eine solche Selbsteinschätzung kann man nicht ohne Weiteres erzeugen. Sie hängt von der Liebe und Wertschätzung ab, die ein Jugendlicher über längere Zeit erfährt, von der Ermutigung zum Weitermachen, von der Anerkennung der Person und nicht nur der Leistungen! Der Klassenlehrer sollte die Jugendlichen mit Empathie begleiten und die Verantwortung für die gegenseitigen Beziehungen ernst nehmen. Ein wichtiger Punkt ist die Unterstützung der Lernenden bei dem Versuch, Verantwortung für sich selbst und den Lernprozess zu übernehmen.

- **Verständnis aufbringen und dies zeigen**
  Wenn beispielsweise Schüler nach der 6. Stunde müde und abgespannt sind, oder – bei Ganztagsbetrieb – nach der Mittagspause („Futternarkose") ein Aufmerksamkeitstief verspüren, wenn sich nach einem wichtigen Test Erschöpfung breitmacht, dann wäre es an der Zeit, Ruhe- und Entspannungsphasen einzuräumen.

- **Lob**
  Lob sollte sich immer auf das Verhalten beziehen, das Sich-Mühe-Geben, das Immer-wieder-Anfangen, das Durchhalten, die Frustrationstoleranz und die der Sache gegenüber geleistete Anstrengung – weniger allein auf das erbrachte Ergebnis.

Auch Jugendlichen kann man klarmachen, dass jemand, der mit seiner Legasthenie kämpft, auch für zehn Fehler gelobt werden kann, wenn er seine durchschnittlich 20 Verschreiber reduzieren konnte. Zudem tun es manchmal auch aufmunternde Blicke, freundliche Gesten oder ein „Prima!“ unter den Hausaufgaben.
*Achtung: Besonders Pubertierende haben mit offiziell vor der Klasse geäußertem Lob ein Problem: Sie wollen nicht als „Lehrers Liebling“ oder als „Besserwisser“ dastehen. Missgünstige Mitschüler flüstern dann schon mal vernehmlich: „Schleimer!“ – nichts ist für den Betroffenen unangenehmer.*

Der Klassenlehrer darf aber durchaus die gesamte Klasse loben, wenn Dinge jetzt besser klappen als zuvor: das geordnete Eintreten ins Klassenzimmer, die leise Zusammenarbeit, das Sich-gegenseitig-das-Wort-Erteilen, das freundliche Aushelfen untereinander, das immer besser aufgeräumte Klassenzimmer, das konstruktive Verhalten in den Fachunterrichten anderer Lehrer etc.
Nochmals Achtung! Lob kann abhängig vom Urteil des Lehrers machen; gute Ergebnisse kann auch die Klasse selbst würdigen.

## Motivation stärken

Lehrer erwarten, dass die Schüler von einer intrinsischen Motivation (Begeisterung für eine Sache um ihrer selbst willen) angetrieben werden. Dies als Regelfall zu erwarten, ist sicher ein wenig weltfremd. Denn auch extrinsische Motive (Suche nach Anerkennung und Belohnung) sind ein wirksames Mittel, Schüler zu Leistungen anzuhalten. Diese positiven Verstärker müssen natürlich altersgerecht und erstrebenswert sein.
Man kann in Einzelfällen, aber auch in Zusammenarbeit mit der gesamten Klasse, die Motivation systematisch fördern. Dazu gibt es Gutscheine, sogenannte Token, Verstärkerpläne und Verträge (Wenn …, dann …).[4] Hier ein paar Beispiele:

- **Auszeichnungen**
  Hierzu gehörten in der Grundschule all die Fleißkärtchen, Smileys, Aufkleber und farbigen Stempel. Für die Sekundarstufe geht es eher um schriftliche Belobigungen, Zeugniseinträge, Urkunden, Freizeitwünsche, wie Kinobesuche o.Ä. (von den Eltern unterstützt), Hausaufgabengutscheine oder freie Zeit innerhalb der Schule, die der Schüler in der Bibliothek oder am Computer verbringen kann.

- **das System der „Extra-Zeit"**

**Fallbeispiel**

Frau Klasen belohnt ihre Klasse für positives Verhalten mit Extra-Zeit-Minuten, die sie am Rand der Tafel vermerkt. 5–10 Minuten gibt es als Startgutschrift und von da an 2 Minuten für zügiges Erreichen der Plätze, 2 Minuten für bereitliegendes Material usw. Bei Wartezeiten wegen Unruhe oder kleinen Streitereien unter Schülern schaut sie ruhig auf die Uhr und bringt die verlorene Zeit in Abzug. Mit der gewonnenen Zeit können Schüler beliebte Lernarrangements füllen, Hausaufgaben beginnen usw.

- **die geschenkten Hausaufgaben**

**Fallbeispiel**

Ich habe während einer Doppelstunde an den entsprechenden Schnittstellen des Unterrichts Hausaufgaben an der Tafel notiert, öfter begleitet von einigen Aufgaben, deren Erledigung ich von vornherein zur Disposition stellen wollte.

Verlief die Stunde reibungslos und angenehm, bekam die Klasse zu hören: „Es hat heute wieder einmal wirklich gut geklappt. Streicht bitte einen Teil der Hausaufgaben." Dann reduzierten Kreidestriche die ursprünglich geforderten Arbeiten. Große Freude auf den Rängen! Es lohnte sich also, die Regeln einzuhalten.

Hausaufgaben zu Mittwoch:
- kurze Zusammenfassung des Textes
- ~~Abschrift der ersten 10 Seiten~~
- Finden von Adjektiven, die den Helden beschreiben (5-10)
- ~~Lesen des nächsten Kapitels~~

*Tafel mit gestrichenen Hausaufgaben*

„Im Mittelpunkt der Klassenführung stehen also nicht mehr Disziplin und Vermeidungsstrategien, sondern die Verantwortung der Lehrkräfte für die Bildungs- und Lernprozesse ihrer Schüler(innen), die sie nur auf der Grundlage positiver Beziehungen und in einem permanenten Dialog mit ihnen wahrnehmen können. In diesem Dialog geht es vor allem darum herauszufinden, welche Selbstkonzepte, Selbstwirksamkeitserwartungen und Lernstrategien unsere Schüler(innen) haben und was sie brauchen, um gute Lernfortschritte zu erreichen."[5]

- **das Zusammenleben heiter machen**
  Etwas Nettes zu sagen oder zu organisieren, stellt keinen großen Aufwand dar: Man kann auf lockere Atmosphäre achten, gemeinsames Frühstück oder eine „Quasselstunde" abhalten, Geburtstage kurz feiern, außerschulische Leistungen loben (Marcel hat mit seinem Verein die U12-Meisterschaften gewonnen), gemeinsame Unternehmungen durchführen *(siehe dazu „Gemeinsame Unternehmungen" auf S. 137)*, im Laufe des Halbjahres Zeit für kurze persönliche Gespräche mit jedem (!) Schüler finden usw.

# Pubertät verstehen

Eltern berichten, wie sich das Leben der gesamten Familie verändert, wenn die lieben Kleinen in die Pubertät kommen. Wahr ist: Der Körper – mit ihm das Gehirn – werden zu einer komplizierten Baustelle. Der Selbstfindungsprozess nimmt Fahrt auf und damit die Abgrenzung zu bisher akzeptierten Autoritäten. Neurologen erklären, dass die Verschaltungen des Gehirns sich dramatisch ändern. Von der Amygdala mit ihren emotionalen Verknüpfungen übernimmt der Vorderhirnlappen (präfrontaler Cortex) zunehmend die Steuerung, was, wenn der Prozess abgeschlossen ist, zu mehr realitätsbezogener Besonnenheit führen sollte. Doch dieser Vorgang ist nicht nur schwierig, sondern auch kein gleichmäßiger Prozess.

Hinzu kommen die Hormongewitter, welche die Wahrnehmung und das Verhalten beeinflussen. Erwacht dann noch das Interesse am anderen oder gleichen Geschlecht, wird die Lage zunehmend verworrener.

Demnach wären nicht die Pubertierenden schwierig, sondern ihre „gehirntechnische" Situation. Eines der Hauptprobleme des Konflikts scheint darin zu liegen, dass sich Erwachsene nur schwer an diese turbulente Zeit ihres eigenen Erwachsenwerdens erinnern können.

Nun mag das Zusammenleben mit einem pubertierenden Jugendlichen nicht unkompliziert sein – was aber, wenn man mit einer ganzen Klasse voller Heranwachsender dieser Entwicklungsstufe konfrontiert ist?

Heranwachsende sind heutzutage (außer mit ihrem eigenen Erwachsenwerden) mit vielen Problemen konfrontiert, die vorangegangene Generationen so nicht kannten: Zunahme von Trennungen in Familien, Verhaltensschwierigkeiten der Eltern (Überlastung, Desinteresse, Alkoholismus usw.), Verlust eines geordneten Tages- und Wochenrhythmus', einseitiges Freizeitverhalten (Internet), das keinen körperlichen Ausgleich durch Spielen im Freien kennt, „Helikopter-Eltern", die den schulischen Aufstieg ihres Kindes mit Argusaugen bewachen und die nötige Gelassenheit für die kindliche Entwicklung vermissen lassen, gesellschaftlich zunehmende Ich-Bezogenheit der „Prinzessinnen und Prinzen" und viele weitere Faktoren.
Aus diesem Grund sollte der Klassenlehrer – mehr als seine Fachkollegen – bemüht sein, die persönlichen Probleme der Schüler zu erkennen und deren Einfluss auf die Schulperformanz zu berücksichtigen. Er weiß, dass niemand immer nur funktionieren kann und dass er in bestimmten Fällen die Fachlehrer diskret informieren und zu höherer Toleranz anhalten muss.

Jugendliche müssen zu diesem Zeitpunkt in besonderer Weise in ihrer Persönlichkeitsentwicklung gestärkt werden. Erwachsen zu werden, bedeutet für sie die Ausbildung folgender Kompetenzen, die eingeübt werden müssen:

„- Sich angemessen einschätzen
- Das eigene Handeln reflektieren
- Gründe abwägen und Entscheidungen treffen
- Toleranz, Achtung und Respekt vor anderen haben
- Verantwortung für das eigene Handeln übernehmen
- Verlässlich agieren" [6]

# Sozialtraining mit der Klasse

Die Bundeszentrale für gesundheitliche Aufklärung schreibt den Schulen ins Stammbuch: „Von Schulen wird heute nicht nur erwartet, fachbezogenes Wissen, Können und Verstehen zu fördern. Sie sollen auch soziales Lernen begleiten, Gewaltprävention betreiben und zur Vermittlung von Werten beitragen, die die Basis für ein tolerantes, offenes und zugleich respektvolles Zusammenleben mit anderen bilden.
Dies ist gerade für Lehrerinnen und Lehrer, die Schülerinnen und Schüler im frühen Jugendalter unterrichten, eine besondere Herausforderung. Die Jugendlichen suchen nach neuen Orientierungen, testen Grenzen aus, müssen unterschiedliche Erwartungen von Schule, Elternhaus, Freundes- und Bekanntenkreis bewältigen und mit neuen, ungewohnten Emotionen zurechtkommen." [7]

Die Anregungen und Materialien sollen Lehrkräfte dabei unterstützen, in Schule und Unterricht ein achtsames und anerkennendes Klima zu schaffen und zu pflegen. Dazu gehört u. a.,

- „sich gemeinsam auf Regeln und auf einen fairen Umgang miteinander zu verständigen
- Gefühle angemessen zum Ausdruck zu bringen
- einander zuzuhören
- einen konstruktiven Umgang mit Konflikten zu finden
- die Wahrnehmung von sich selbst und von anderen zu schärfen
- eigene Stärken und Schwächen zu erkennen
- wenn nötig, klare Grenzen zu setzen“[8]

*Zu einigen der aufgeführten Punkte werden weiter unten noch Hilfen angesprochen. Ein probates Mittel, Schüler mit Anforderungen an ihr soziales Verhalten zu konfrontieren, ist ein Selbstanalyse-Bogen. Das Beispiel kann an das Reflexionsniveau der Klasse angepasst werden. (Siehe dazu Download 4 „Bemerkungen zum Arbeits- und Sozialverhalten“)*

Download 4 **Schüler-Befindlichkeit** | Bemerkungen zum Arbeits- und Sozialverhalten

**Bemerkungen zum Arbeits- und Sozialverhalten**

Für den Schüler: ______________________

Wie sehe ich mich und wie sehen mich andere?

| | Schüler | Eltern | Lehrer |
|---|---|---|---|
| **Sorgfalt und Zuverlässigkeit** | | | |

DOWNLOAD



*Download 4: Analyse des eigenen Sozialverhaltens*

## Schüler informieren ihren Lehrer über ihre Wahrnehmungen

Zur Entwicklung eines guten Miteinanders kann der Klassenlehrer nicht genug über die Gefühlslage seiner Schüler wissen.

**Fallbeispiel**

Von Zeit zu Zeit (mindestens zu jedem Halbjahresabschluss) habe ich die Schüler aufgefordert, mir ihre Befindlichkeiten mitzuteilen. Das geschah mit einem formlosen „Brief an meinen Klassenlehrer – was ich Ihnen mal sagen wollte …“, mit dem die Schüler mitteilen konnten, wo ihnen der Schuh drückte bzw. was sie als positiv in unserem Miteinander empfanden. Ich machte ihnen zuvor klar, wie wichtig mir diese Rückmeldung sei. Der Brief durfte anonym abgegeben werden – wobei es mir natürlich nicht schwerfiel, anhand der Schrift auch Einzelne und ihre Bedürfnisse zu erkennen.

Eine andere Möglichkeit ist die Ausgabe eines einfachen Evaluationsbogens mit wenigen Fragen, z. B. zu Unterricht, Verhalten des Lehrers, Gerechtigkeit in der Notengebung, Erfahrungen in Fachunterrichten, Anregungen für Änderungen usw.

Download 5 **Schüler-Befindlichkeit** | Brief an meinen Klassenlehrer

**Brief an meinen Klassenlehrer**

Ich bin ______________________________
(Name)

**Fächer:**
Das sind die Fächer, die ich gerne habe: ______________________________

DOWNLOAD

*Download 5: Brief an meinen Klassenlehrer*

# Die Klassenlehrer-Stunde

Ein kluger Kopf hat wohl irgendwann einmal eingesehen, dass die vielfältigen Aufgaben des Klassenlehrers sich nicht zwischen Tür und Angel erledigen lassen. Auch darf der eigene Fachunterricht nicht dauernd zurückstehen, wenn Angelegenheiten der Klasse zu bereden sind. So wurde eine zusätzliche Verfügungsstunde etabliert.

Die wöchentliche Klassenlehrerstunde wird nun aber von vielen Lehrern als eine Art Organisations- und „Verkündigungsstunde“ gesehen, wo mal das

Klassenbuch nachgetragen, fehlende Entschuldigungen eingefordert und Beiträge für die Klassenkasse eingesammelt werden. Nicht, dass dies keine notwendigen Arbeiten wären. Die Klassenlehrerstunde sollte aber vorrangig der Kommunikation zwischen dem Klassenlehrer und seiner Klasse bzw. zwischen den einzelnen Schülern der Klasse selbst dienen! In Bayern heißt diese Stunde deshalb zielgenauer „Zeit-für-uns"-Stunde („Zfu-Stunde").
Eine Schule hat das einmal treffend so formuliert: „Die wöchentliche Klassenlehrerstunde [...] bietet den Schülern Raum sich selbst sensibel wahrzunehmen und mit ihren Klassenkameraden wichtige Themen ihrer Entwicklung und Konflikte zur Sprache zu bringen. Sie lernen Auseinandersetzungen konstruktiv zu führen und gemeinsame Lösungen zu finden.
So erproben sie wichtige Regeln und Abläufe demokratischen Handelns.
Ebenso werden Umgangs- und Kommunikationsformen untereinander und mit den Lehrkräften, sowie Konfliktlösungsstrategien entwickelt.
Wir verstehen Schule als einen Ort, der junge Menschen fachwissenschaftlich bildet. Gleichzeitig hat sie die Aufgabe, sie zu starken, selbstbewussten Persönlichkeiten zu machen. Sie sollen positiv ins Leben blicken, sich aktiv in die Gemeinschaft einbringen und so vielfältige Perspektiven entwickeln, um ein erfülltes Leben führen zu können. Dazu trägt die Klassenlehrerstunde bei. Sie folgt einem jahrgangsstufenspezifischen bzw. altersgerechten Themenkatalog, der nachhaltig Impulse setzt, aber auch genügend Freiheit für aktuelle Anlässe und Aufgaben in der Klasse bietet."[9]

# Beratung als Hilfe

Normalerweise ist ein Klassenlehrer nicht psychologisch bzw. gesprächstherapeutisch ausgebildet, um eine professionelle Beratung von Schülern durchzuführen. Dennoch kann er aufgrund seiner pädagogischen Ausbildung und Erfahrung Schüler beraten. Vorausgesetzt, dass derartige **Beratungsgespräche** sensibel ausgeführt und an das Verständnis von Schülern und Eltern angepasst sein müssen. Kurzhinweise zum Ablauf eines Beratungsgesprächs:

- Was ist das Anliegen/das Problem?
- Welche Details/Informationen gibt es hierzu?
- Welche Meinungen und Einstellungen liegen vor?
- Was sollen kurz- und langfristige Ziele sein (Ideensammlung)?
- Welche Vereinbarungen können getroffen werden? Was soll konkret getan werden? Kann eine Art „Vertrag" fixiert werden?
- Wie werden die Einhaltung des Vertrages bzw. die einzelnen Teil-Fortschritte überprüft? *(Siehe dazu auch „Eltern – Partner des Klassenlehrers?" auf Seite 159)*

Auch bei größter Neigung, bestimmte Probleme selbst zu lösen, sollten bei komplizierteren Fällen fachkundige Kollegen, professionelle Beratungsstellen, Jugendämter o. Ä. einbezogen werden.
In realen außerschulischen Krisensituationen (Unfall, plötzlich auftauchende gravierende Familienprobleme) sollte die Klassenführung Ruhe und Mitgefühl ausstrahlen und – wenn nötig – Hilfe organisieren.

## Schülern beim Erwachsenwerden helfen

In den oberen Klassen der Sekundarstufe haben wir den Versuch gemacht, mit den Schülern Alltagssituationen altersgerecht zu besprechen und angemessenes Verhalten einzuüben. Der etwas flapsige Arbeitstitel lautete: **„Zivilisierungsprojekt"**. Das zielte zum Teil auf ganz profane Situationen ab, bei deren Bewältigung sich aber häufig Unsicherheiten aufseiten der Schüler herausstellten.
Es ging darum, Schüler im allgemeinen Sinne lebenstüchtig zu machen („Wo und wie liegt das Besteck neben dem Teller?", „Wie melde ich mich am Telefon?", „Wie flirte ich richtig?", „Wie binde ich eine Krawatte?", „Wie führe ich ein Vorstellungsgespräch?" usw.)
Die Sache wurde mit Begeisterung aufgenommen. Die Schüler fügten eigene Situationen hinzu, die sie für klärungsbedürftig hielten. Da der Katalog am Ende ziemlich lang wurde, sind wir dazu übergegangen, auch bei jüngeren Klassen schon einige „Knigge-Elemente" einzubauen. („Wir halten uns gegenseitig die Tür auf ..."). *(Siehe dazu Download 6 „Zivilisierungsprojekt")*

Lehrer merken, dass seit Jahren alle möglichen Erziehungsbereiche vom Elternhaus und der Gesamtgesellschaft auf die Schule verschoben werden: Förderung der Persönlichkeitsentwicklung, Sexualkunde, Verkehrserziehung, Wirtschaftswissen, Konfliktbewältigung, Medienerziehung, Freizeitgestaltung, Gesundheitsbildung und manches andere mehr. Das empfinden viele als Überforderung neben der Vermittlung des üblichen Bildungsplans.
*Es darf ja auch einmal gefragt werden, woher die dazu nötigen Unterrichtsstunden kommen sollen.*

Die Berliner Paartherapeutin Vera Matt hat der Schule einen weiteren wichtigen Bildungsauftrag nahegelegt, der nicht so ungewöhnlich ist, wie es zunächst scheinen mag: **Liebes- und Beziehungskunde**. „Das gilt für alles Zwischenmenschliche: Wie kommuniziere ich, wenn es Probleme gibt, wie gebe ich Feedback, wie nehme ich überhaupt meine eigenen Gefühle wahr, wie gehe ich mit ihnen um, wie definiere ich meinen Selbstwert. Im Grund geht es immer um das Gleiche: Anerkennung, Wertschätzung, sich gewollt und geliebt fühlen – und dafür nicht einen anderen Menschen verantwortlich machen, sondern das in sich selbst zu finden."[10]

**Lions-Quest** beispielsweise ist ein Lebenskompetenz- und Präventionsprogramm für junge Menschen zwischen zehn und 21 Jahren. Es wird von allen Kultusministerien in Deutschland als Fortbildungsprogramm für Lehrkräfte anerkannt. Durch sozialemotionales Lernen stärkt das Programm soziale und persönliche Schlüsselkompetenzen und beugt selbst- und fremdschädigendem Verhalten vor. Lions-Quest fördert die Selbstwahrnehmung und Selbstwirksamkeit. „Das Programm wirkt sich positiv auf Empathie und Kommunikationsfähigkeit bei jungen Menschen aus und unterstützt das kritische und kreative Denken. Dadurch werden Konfliktfähigkeit, Problemlösekompetenz und das Entscheidungsvermögen gefördert."[11]

[1] Singer, Kurt: Der Autor zu seinem Buch „Die Schulkatastrophe. Schüler brauchen Lernfreude statt Furcht, Zwang und Auslese." *www.prof-kurt-singer.de/kurztext-schulkatastrophe.pdf,* S. 1

[2] An dieser Stelle sind Pädagogen wie Comenius, Petersen, Freinet, Gaudig, Kerschensteiner, Dewey, Montessori, Lietz, Neill in Summerhill u. v. a. m. gemeint.

[3] Frey-Gaska, Anne: Baustein 7: Mobbing begegnen – Mit Zivilcourage. In: Bundeszentrale für gesundheitliche Aufklärung (Hrsg.): Achtsamkeit und Anerkennung – Materialien zur Förderung des Sozialverhaltens in den Klassen 5–9, Köln, 2006, S. 100
Das Heft mit zahlreichen sehr guten Anregungen (!) wird an interessierte Lehrerinnen und Lehrer kostenlos abgegeben.

[4] Vgl. Kreis Borken/Regionale Schulberatungsstelle (Hrsg.): Verstärkerpläne wirkungsvoll einsetzen. Borken 2014, *www.rsb-borken.de/fileadmin/Ressourcen/Veroeffentlichungen/Verstaerkerplaene/VerstaerkerplaeneFinal.pdf*

[5] Klaffke, Thomas: Klassen führen – Klassen heilen. Beziehungen, Lernen, Classroom Management, Klett Kallmeyer: Seelze 2013, S. 114

[6] Ermert-Heinz, Mechtild; Bürgermeister, Martina; Kossack, Ricarda: Klassenführung und der Umgang mit Störungen. In: PÄDAGOGIK 1/2016, Beltz Verlag: Weinheim, S. 15

[7] Bundeszentrale für gesundheitliche Aufklärung: Achtsamkeit und Anerkennung – Materialen zur Förderung des Sozialverhaltens in den Klassen 5–9

[8] Ebd.

[9] Henry-Ford-Realschule Köln

[10] Freund, Andrea: „Wir brauchen Liebeskunde in der Schule". In: Frankfurter Sonntagszeitung Nr. 48, Frankfurt 03.12.2017, S. 23

[11] Recum, Sabine van: Lions-Quest – Eine kurze Einführung: Das beste Patent? Lebenskompetent! In: Hilfswerk der Deutschen Lions e. V.: Erwachsen werden, *www.lions-quest.de/home/erwachsenwerden/das_programmim_ueberblick/lions_quest_eine_kurze_einfuehrung.html*

# 7 Leistungen entfesseln

In diesem Kapitel geht es sowohl um die Leistungsbewertungspraxis des Klassenlehrers als auch um das allgemeine Verfahren der Notengebung in der Schule, hier besonders die Beobachtung der Notenpraxis der in der Klasse unterrichtenden Fachlehrer.
Eine Besonderheit für den Klassenlehrer besteht ja darin, dass er die gesamte Leistungsentwicklung seiner Schüler kontrollieren muss. Deshalb muss er darauf achten, ob die Lernenden optimale Bedingungen vorfinden, um Leistungen überhaupt erbringen zu können, und inwiefern Erlass-Bestimmungen bei der Notengebung eingehalten werden.

# Das Problem mit der gerechten Note

Das Notensystem erzeugt bekanntlich eine Selektion, die das gesamte Leben des Beurteilten bestimmen kann. Deshalb steht die Art der Notengebung immer schon in der Diskussion. Karlheinz Ingenkamp schrieb schon 1971 über „Die Fragwürdigkeit der Zensurengebung".
Die Diskussion um die Leistungsbewertung ist aber keineswegs verstummt: „Unzählige Schüler betreten das Schulhaus mit *Angst*, Lehrer lassen 250 000 Kinder *durchfallen* und machen sie stündlich zu bewerteten Menschen: ausgefragt, getestet, zensiert. Schüler werden durch kindferne Lehrpläne *gelangweilt*, mit Lernstoff überfüttert, durch frontalen Unterricht *überfordert* und *allein gelassen*, sie werden mit *Ziffernnoten diszipliniert* und *ausgesondert*. Fehlt es Politikern, Lehrern und Eltern an moralischer Sensibilität?" [1]
Hinzu kommt, dass häufig die Kriterien für bestimmte Notenstufen nicht im Vorhinein festgelegt und abgestimmt werden. In meinem Lehrerseminar vergaben nur vier von zehn Lehrern die gleiche Zensur für eine Schülerarbeit – die dann von Sehr gut bis Ausreichend variierte – ein altbekanntes Phänomen.

Vielfach scheint in Vergessenheit geraten zu sein, dass Noten ursprünglich eine wichtige diagnostische Funktion hatten. Lehrer und Schüler sollten erkennen können, wie der Leistungsstand des jeweiligen Schülers ist. Und darauf hatten dann entsprechende didaktische Entscheidungen zu folgen: über die ursächlichen Defizite en détail informieren, fördern, wiederholen usw.

*Ein „Ausreichend" in Deutsch sagt wenig aus. Ein Textzeugnis hingegen würde auflisten, dass die Lesefähigkeit verbessert werden muss, die Texte erst im Konzept zu gliedern und dann auszuführen sind, dass mehr Adjektive verwendet werden müssen, die Rechtschreibung mit der Wort-Kartei geübt werden muss u. v. m.*
Die selektive Funktion dagegen ist dem eigentlich unpädagogischen Ausleseprozess geschuldet, der aber in den frühen Phasen des Lernens ausgesprochen kontraproduktiv ist. Man denke an die Abwesenheit von Ziffernnoten in den Grundschulen (und manchen Reformschulen), wo der Ziffern-Noten-Horror erst losgeht, wenn der Übergang in die weiterführende Schule ansteht.

## Was ist überhaupt eine „ausreichende" Leistung?

Ein befreundeter Seminarleiter, der im Zentrum für schulpraktische Lehrerausbildung arbeitet, berichtete von einem Bewertungsversuch von Schülerarbeiten, den er mit Referendaren in seinem Seminar vorgenommen hatte. Wie nicht anders zu erwarten, gab es eine breite Streuung von Noten für ein und dieselbe Arbeit. Obwohl die Kriterien vereinbart waren, verteilten die Referendare divergierende Zu- oder Abschläge, im letzteren Fall z. B. für „äußere Form", „eigentlich gut angelegter Lösungsversuch mit faktisch falschem Ausgang", „Rechtschreib- und Ausdrucksmängel", „wenig überzeugende Gedankenführung", „schwache Arbeit" usw.

| ohne Differenzierung | | mit Differenzierung | |
|---|---|---|---|
| % | Note | % | Note |
| *95–100* | *1+* | 95–100 | 1+ |
| *89–94* | *1* | 90–94 | 1 |
| *83–88* | *1-* | 85–89 | 1- |
| 77–82 | 2+ | 80–84 | 2+ |
| 71–76 | 2 | 75–79 | 2 |
| 65–70 | 2- | 70–74 | 2- |
| 59–64 | 3+ | 65–69 | 3+ |
| 53–58 | 3 | 60–64 | 3 |
| 47–52 | 3- | 55–59 | 3- |
| 41–46 | 4+ | 50–54 | 4+ |
| 35–40 | 4 | 45–49 | 4 |
| 30–34 | 4- | 40–44 | 4- |
| 25–29 | 5+ | 33–39 | 5+ |
| 20–24 | 5 | 27–32 | 5 |
| 15–19 | 5- | 20–26 | 5- |
| 00–14 | 6 | 00–19 | 6 |



*Notentabelle*

Selbst bei der Diskussion einer „ausreichenden" Leistung gibt die etwas wolkige Beschreibung im Schulgesetz häufig Anlass zu ganz unterschiedlichen Deutungen: „[…] ausreichend (4) – Die Note ‚ausreichend' soll erteilt werden, wenn die Leistung zwar Mängel aufweist, aber im Ganzen den Anforderungen noch entspricht."[2]
*Und: Alles klar?*

Die gut benutzbare Tabelle auf der vorherigen Seite zeigt den Versuch einer Schule, die Prinzipien der Notenvergabe zu vereinheitlichen – und das unter Berücksichtigung von Fächern mit und ohne Differenzierung. Die Noten für Fächer mit Differenzierung gleichen den Gymnasialanforderungen.[3] *(Siehe dazu Vorlage „Notentabelle" auf S. 184)*

**Fallbeispiel**

Ein Kollege vertrat folgendes Verfahren bei einer Biologie-Klassenarbeit meiner Klasse: Die gesamte erreichbare Punktzahl (30) teilte er durch 2. Alles unter 15 Punkten war in seinen Augen eine mangelhafte bzw. ungenügende Leistung. Die andere Hälfte der Punkte verteilte er auf die Noten 1–4. („War doch ohnehin eine recht einfache Arbeit.") Auch wenn unser Verhältnis durch meine Einwände nicht besser wurde, musste er seine Zensierung korrigieren:

1. Diese Art der Zuordnung zu den Punkten war unerlaubt. 14 Punkte = 47 % hätte eine 3– oder 4+ anstelle einer 5 erbringen müssen.
2. Durch Beschluss der Fachkonferenz waren in Biologie keine schriftlichen Tests für diesen Jahrgang vorgesehen.
3. Er hatte die Klassenarbeit in einer Nachmittagsstunde schreiben lassen, was einer ausdrücklichen Empfehlung der Schulkonferenz widersprach.

## Aussprache mit Kollegen

Bei allen Variablen, die durchaus berechtigt in die Notengebung einfließen können, bliebe dennoch das sicherlich heikle Gespräch, das mit den betroffenen Kollegen über ihre Bewertungspraxis geführt werden müsste, sollte der Fall einer ungerechten Beurteilung gegeben sein. Hier muss man mit erregten Reaktionen rechnen („Das lassen Sie bitte mal meine Sache sein.", „Darüber bin ich Ihnen keine Rechenschaft schuldig!"). Kollegen, die sich freundschaftlicher zugetan sind, haben sicher eher eine Chance, über Probleme und über differierende Formen der Leistungsbewertung zu sprechen.
Wenn man als Klassenlehrer die persönliche Konfrontation mit Kollegen scheut, wäre es vielleicht eine Möglichkeit, mit der Abteilungs- oder Schulleitung zu sprechen und um Hilfe zu bitten. Die Schule könnte auch eine Fortbildung zu zeitgemäßen Bewertungsmöglichkeiten und vereinheitlichter Notengebung anregen.

## Noten und aktuelle Kompetenzorientierung

Andere Stimmen verweisen darauf, dass eine kompetenzorientierte Leistungsentwicklung – wie sie die neuen Lehrpläne verlangen – und die Forderung nach Teamfähigkeit nicht mehr allein in Ziffern-Noten gefasst werden könne:
„[…] nicht mehr allein der in Noten ausgedrückte Leistungsstand im Kontext einer Lerngruppe [ist] von Interesse, sondern vor allem die *individuelle Lern- und Leistungsentwicklung*. Noten allein können die hier notwendigen Informationen nicht transportieren […]“ [4]

„▮ Wie lassen sich die Gruppen angemessen an der Bewertung beteiligen?
- Wie können individuelle Leistungsunterschiede in der Bewertung von Gruppenarbeiten/Projekten berücksichtigt werden?“ [5]

Und resümierend: „So gesehen sind punktuelle Tests, Klassenarbeiten oder Prüfungen, deren Ergebnisse in Noten zusammengefasst sind, als alleinige Grundlage einer Kompetenzbeschreibung […] kaum geeignet. Qualitative Aussagen erhält man dagegen mithilfe von:

- Beobachtungsbögen für eine kriterienorientierte Beobachtung,
- Selbst- und Fremdbewertung mithilfe von Checklisten und Kompetenzrastern/Lernlandkarten,
- Arbeits- und Lernjournal,
- Portfolio.“ [6]

Diese Ansicht über die Relevanz des bekannten Notensystems wird vermutlich nicht von allen Lehrern geteilt. Unbestritten ist jedoch, dass die Noten eine nachhaltige Wirkung auf die Selbstwahrnehmung der Schüler und ihren Bildungsweg haben. Viele Untersuchungen belegen inzwischen – was hier nicht detailliert diskutiert werden kann –, dass der Widerspruch zwischen dem geforderten **individualisierten** Lernen von Schülern mit **heterogenen** Voraussetzungen und einem Notensystem, dass am Ende doch alle über einen Kamm schert, wertvolle Motivation tötet und Minderleistungen an beiden Enden des Leistungsspektrums provoziert. „Der Umgang mit Heterogenität in der Schule erfordert einen anderen Unterricht. Welches Verständnis von Leistung entspricht diesem Unterricht? Wie kann das individuelle Ergebnis am Leistungsvermögen des Einzelnen gemessen werden […]?“ [7]
Da Noten entscheiden, wer versetzt wird, wer einen bestimmten Abschluss erlangt, wer den Numerus clausus an der Hochschule erreicht, haben sie eine Selektionswirkung von großer Bedeutung.

## Noten als (unerlaubtes) disziplinarisches Mittel

Schüler haben das angeblich immer schon vermutet: Noten sind oft ungerecht. Frau Becker hat ihre Lieblinge, die bekommen immer bessere Noten. Herr Meier bevorzugt im Physikunterricht immer die Jungen. Und wen ein Lehrer nicht leiden kann, bei dem findet er immer ein Haar in der Suppe.
Alles böswillige Verleumdungen oder mindestens verständliche Ausreden bei einer schlechten Note? Das würde bedeuten, dass man die Relevanz von Images („Max ist in allen Fächern ein guter Schüler."/„Selma bringt es nicht.") bei der Bewertungspraxis abstreiten würde.

Erschwerend in dieser komplizierten Lage ist die Neigung weniger Kollegen, sich mit unerlaubten Mitteln Respekt zu verschaffen. Sie wissen: Die Noten sind die Achillesferse der Schüler. Sie hier zu treffen, ist nachhaltiger als eine Rüge oder ein Rauswurf aus dem Unterricht.
Der gerade den Unterricht störende Kai hört dann: „Also, deine Mitarbeit ist schon wieder schlecht – das macht eine Fünf in Beteiligung am Unterricht. Und du weißt, das fließt in die Englisch-Note ein!" Oder die Sportlehrerin ist wütend: „Du machst nichts als Blödsinn und störst andere. Du kannst dich anziehen und verschwinden. Die Fünf in Sport ist dir sicher!"
Abgesehen davon, dass eine nicht ausreichende Beteiligung am Unterricht selbstredend bewertet werden kann, spürt man in den geschilderten Fällen aber deutlich das unangemessene Verhalten des Lehrers.

**Fallbeispiel: Frau Gansers Noten gehen fehl**

Als sich am Ende des Schuljahres die Notenlisten der Fachlehrer im Postfach des Klassenlehrers sammeln, fällt die Liste der Musiklehrerin Ganser völlig aus dem Rahmen. Ein großer Teil der Klasse wurde mit einem Mangelhaft bewertet. Klassenarbeiten wurden nicht geschrieben, die Noten basieren auf den (vorgeblichen) Eintragungen der Musiklehrerin, die sie aber nicht vorweisen kann.

Auf irritierte Nachfrage des Klassenlehrers – der sich Sorgen um die Abschlüsse seiner Leute macht – teilt sie mit, das sei der Arbeitsverweigerung der Schüler zuzuschreiben. Der Schulleiter muss ihr klarmachen, dass er eine Überprüfung durch die Fachaufsicht einleiten würde. Daraufhin korrigiert sie die Noten.

# Voraussetzungen für die Leistungserbringung

Leistungserbringung zu fördern statt Leistungsmessung perfekter zu machen, ist eine Erkenntnis, die naheliegend für guten Unterricht und nachhaltiges Lernen ist. Korrekte Noten benötigen auch bestimmte Voraussetzungen beim Lehr- und Lernprozess, sprich eine möglichst optimale Lernsituation. Hier liegt naturgemäß eine große Verantwortung der unterrichtenden Lehrer.
*Deshalb haben wir im Kollegium häufig augenzwinkernd gesagt – durchaus nicht mit Zustimmung aller Kollegen: Die erreichten Noten beschreiben nicht nur die Leistungen oder Nichtleistungen der Schüler, sondern auch den Unterrichtserfolg der Lehrer.*

Um die Leistungsentwicklung zu befördern, ist es wohl am wichtigsten, dass die Schüler das Gefühl haben bzw. die Einsicht verspüren, dass sie vom Unterricht profitieren. Besonders in älteren Klassen ist es harte Arbeit, gegen aufkommendes Desinteresse und Schulmüdigkeit anzugehen. Entscheidend für ein waches Interesse ist die intrinsische Motivation des Schülers, die der Klassenlehrer stützen kann. Bausteine dafür sind: Anregungen geben, Mut machen, realistische Leistungsmöglichkeiten und mögliche Alternativen aufzeigen (Zusatzreferate, Modellbau, Portfolio-Arbeiten, mithilfe derer der Schüler die schlecht ausgefallenen Tests ausgleichen kann; Halbjahresarbeiten usw.). Wenn dann noch das Lernen von Zeitmanagement und Selbstkontrolle, Eigenverantwortung für den Lernprozess und Einschätzung der eigenen Leistung hinzukommen, steht einer möglichen Leistungssteigerung nichts mehr im Wege.

## Methoden machen Schule

Eigentlich trägt man Eulen nach Athen, wenn man in diesem Zusammenhang von der Bedeutung schülerorientierter Methoden spricht. Die Liste der Möglichkeiten ist lang und kann hier auch nur andeutungsweise angesprochen werden: selbstständige Arbeit jeder Art (z. B. Freiarbeit), Projektarbeit (auch in kurzen Mini-Projekten), Lernzirkel, Gruppenunterricht mit verteilten Lehr- und Lernrollen (Schülerunterricht), binnendifferenzierende Aufgabenverteilung, Selbstkontrolle der Schüler in Wochenplänen und Fortschrittstagebüchern, Portfolio u. v. m.

Eine große Bedeutung hat in diesem Zusammenhang die **Binnendifferenzierung**, die es erlaubt, unterschiedliche Aufgaben in einem Themenfeld auszuweisen. Auf diese Weise bekommen Schüler weitere Möglichkeiten, Leistungen zu zeigen, die ihrem Lerntypus eher entsprechen.

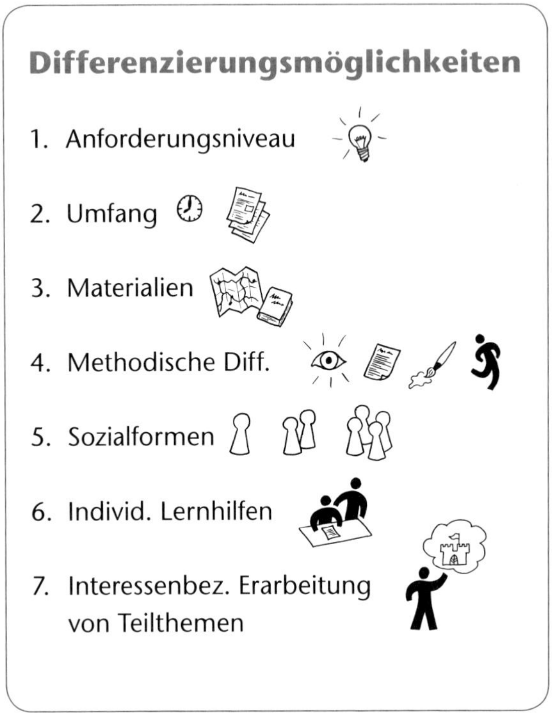




*Differenzierungsmöglichkeiten*

**Fallbeispiel: Erfolgreiche Beiträge abseits von Klassenarbeiten und Tests**

Der türkischstämmige Necmettin versagte häufig bei Lernzielüberprüfungen. Das passierte ihm auch in Geografie. Quasi zum Ausgleich baute er aber in vielen Stunden ein großes Europa-Modell in Reliefform (Kleisterpapier und Bemalung), an dem die Klasse topografische Übungen abhielt. Dafür wurde er positiv bewertet.

Der stille – und am Unterricht kaum teilnehmende – Tommy wurde Roadie und Elektriker im hauseigenen Schulzirkus. Er erntete viel Anerkennung, öffnete sich zunehmend und reüssierte im Physikunterricht als Helfer des Fachlehrers. Seine Noten verbesserten sich signifikant. Später bekam er eine Lehrstelle als Veranstaltungselektroniker.

Nadine wertete ihre recht durchschnittlichen Leistungen mit exzellenter Portfolio-Führung auf: Sie sammelte und archivierte ihre besten Arbeiten – zum Teil eigens hergestellt oder verschönert für die Aufnahme in die Portfolio-Mappe – und erhielt in einigen Fächern gute Noten zum Ausgleich für manch mindere Leistung.

Um es einmal burschikos auszudrücken: Viele Schüler blühen auf und übernehmen Verantwortung für ihre Leistungen, wenn ihnen der Lehrer nicht permanent im Nacken sitzt. Der Pädagoge Jakob Muth hat das einmal so hart ausgedrückt: „Der Lehrer muss dazu seine pädagogische und didaktische Aggressivität aufgeben, die sich darin äußert, dass er ständig fragt, belehrt, fordert, diktiert, korrigiert, an die Tafel schreibt, bittet, befiehlt, vorträgt usw. Zurückhaltung ist auf Seiten des Lehrers die kardinale methodische Tugend.“ [8]

Eine unbestritten wichtige Kompetenz ist die Fähigkeit zur Selbstkontrolle und zur Übernahme von Verantwortung für den eigenen Lernprozess. Schüler, die von Beginn an bereits einfache Formen des Selbstmanagements lernen konnten, gewinnen enorme Vorteile vor Altersgenossen. Ein Glück für sie, wenn ein pädagogisch versierter Mensch Möglichkeiten zur Einübung derartiger Kompetenzen angeboten hat: Selbstkorrekturen mithilfe von Lösungsblättern, Kontroll-Listen zur Überprüfung einfacher Leistungen, Bewertungsaufgaben von Leistungen anhand einer Kriterienliste usw. So ist es auch möglich, Kontroll- und Bewertungsaufgaben den Schülern zu übertragen.

**Wie habe ich meine Mappe/meine Hefte geführt?**

Mit dieser Liste kannst du selbst herausfinden, ob deine Arbeiten vollständig und gut erledigt sind. Du kannst dabei mit Nachbarn vergleichen.

| Darauf habe ich geachtet: | ja, immer | ja, meistens | nein, das muss besser werden |
|---|---|---|---|
| **Vollständigkeit** | | | |
| *Inhaltsverzeichnis richtig geführt?* | | | |
| *Arbeitsblätter vollständig?* | | | |
| *Hausaufgaben erledigt, evtl. berichtigt?* | | | |
| *Mitteilungsheft für die Eltern geführt? Unterschriften vollständig?* | | | |

*Mappenführung*

## Das spezielle Noten-Problem des Klassenlehrers

Betrachtet man gängige Leistungsbewertung aus dem Blickwinkel des Klassenlehrers, erkennt man u. U. ein ziemliches Dilemma. Dem Verantwortlichen für die eigene Klasse stellen sich in diesem Arbeitsfeld zwei große Aufgaben:

1. die Leistungsbereitschaft der Schüler fördern bzw. entfesseln
   Was muss getan werden, um den allgemeinen und individuellen Leistungswillen und das Leistungsvermögen der Schüler zu steigern?
2. die Leistungsentwicklung der Schüler kontrollieren
   Wie kann man die Leistungsentwicklung der Schüler in allen Fächern – besonders den abschlussrelevanten – im Auge behalten, obwohl ein Großteil des Unterrichtsvolumens von verschiedenen Fachlehrern bestritten wird?

Selten fühlen sich Klassenlehrer so hilflos wie in dieser Situation. Vieles liegt wieder einmal nicht in ihrer Hand. Von dem unterrichtlichen Gebaren der Fachlehrer liegen zunächst nur die häufig tendenziösen Berichte der Schüler vor: „Der Helmers erklärt gar nicht richtig. Wir verstehen das alle (!) nicht.", „Wenn es im Biounterricht laut wird, verteilt Frau Brings Fünfen am laufenden Band!"

Auch die Noten der Schüler aus den Fachunterrichten geben oft zu wenig Aufschluss:

- Hat der Kollege in bester Absicht mal wieder die Gaußsche Normalverteilung angewandt, die meist einen „dicken Bauch" von mittleren Leistungen erbringt, mit Ausschlägen auf der Notenskala nach oben und unten?
- Kamen die Noten ausschließlich nach (wie auch immer vorbereiteten) schriftlichen Tests zustande?
- Konnten individuelle mündliche Leistungen angemessen einfließen?
- Wurden noch andere Kriterien der Leistungsermittlung herangezogen, z. B.
  - erbrachte positive Lenkungsfunktion in Gruppenarbeiten,
  - gut vorbereiteter Schülerunterricht oder
  - ein ansehnliches Portfolio mit den besten Arbeiten des Schülers im jeweiligen Fach?
- Wurde mit Ermunterung und Hilfen gearbeitet oder wurden Leistungsüberprüfungen als disziplinierendes Machtmittel eingesetzt?
  *Gibt's nicht? Gibt's doch!*

Eine gute Möglichkeit, mehr Sicherheit zu erlangen, besteht darin, die Fachlehrer quartalsmäßig mit einer offenen Klassenliste auszustatten und sie zu bitten, Bemerkungen über das Arbeitsverhalten bzw. den Leistungsstand einzelner Schüler formlos einzutragen. Das liefert dann – falls notwendig – Grundlagen für Interventionen des Klassenlehrers.

Die Forderung müsste demnach heißen: Der Klassenlehrer muss sich dafür einsetzen, dass seine Schüler nicht ausschließlich nach Tests und mündlichen Prüfungen beurteilt werden, sondern das andere Formen von Leistungserbringung (Projekte, Referate, Präsentationen, Portfolio, Zusatzleistungen usw.) in die jeweilige Endnote mit einbezogen werden. Lehrer dürften sich aber auch nicht damit begnügen, die Noten (in individuellen Gesprächen) offenzulegen. Es gehört unbedingt dazu, dass es dezidierte Tipps gibt, wie man sich als Schüler verbessern kann.

**Fallbeispiel: Die Fachlehrer erfreuen**

Mit meinen Schülern wurde in Rollenspielen geübt, wie statt der Depression und Wut über schlechte Noten ein besserer Zugang zu den Fachlehrern gefunden werden könnte.

Der erste Versuch: „Können Sie mir eine bessere Note geben?" wurde als platt und untauglich verworfen. Die gefundene Sprachregelung lautete schließlich sinngemäß: „Herr Bender, ich habe mich wohl in letzter Zeit nicht genug vorbereitet. Leider ist der Test schlecht ausgefallen. Gibt es etwas, das ich zusätzlich erarbeiten könnte, um meine Note zu verbessern?"

Die meisten Fachlehrer waren hocherfreut über solche Bereitschaft, schlugen Sonderaufgaben oder Referate vor, die von den Schülern dann auch (mit leichter Hilfe von außen) erfolgreich bewältigt wurden. Dadurch waren Notenverbesserungen um bis zu zwei Punkte möglich!

## Exkurs: Hinweise für Berufsanfänger im Klassenlehrer-Amt

Es versteht sich von selbst, dass man sich – ebenso wie bei anderen Traditionen einer Schule – nach den Vorgehensweisen bei der Notengebung erkundigt. Für die eigene Benotungspraxis gilt:

- Das Finden der richtigen Noten sollte die schon erwähnten Möglichkeiten einbeziehen, die es außerhalb von schriftlichen Arbeiten und mündlichen Überprüfungen gibt.

- Viel hängt dabei von der sorgfältigen Dokumentation (!) der Schülerleistungen ab:
  - Kurze Notizen (z. B. Strichlisten für Beteiligung) helfen später, Noten zu begründen.
  - Fehlende oder besonders gut erledigte Hausaufgaben können vermerkt werden.
- Der Klasse sollte nach Tests der Notenspiegel mitgeteilt werden.
- Man sollte keine Überraschungen am Ende des Schul(halb)jahres zulassen:
  - Schüler sollten immer darüber informiert sein, wie ihr augenblicklicher Leistungsstand ist. Das dürfen einzelne diskret nachfragen – eine Verkündigung vor der gesamten Klasse kommt nicht infrage!
- Die Drittel-Regelung muss beachtet werden: Ist ein Drittel der Arbeiten als nicht ausreichend bewertet, muss die Arbeit in der Regel wiederholt werden. *Genaueres dazu kann man in den entsprechenden Landeserlassen nachschlagen.*
- Der Klassenlehrer sollte sich Notizen für die später eventuell zu erteilenden „Kopfnoten" machen: Auf einem gesonderten Blatt werden Notizen zum Verhalten der Schüler gesammelt (soziales Verhalten, Arbeitseinstellung, Sorgfalt usw.).

## Sogenannte „Kopfnoten"

Weil in früheren Jahren die Verhaltensnoten oberhalb der anderen Noten, demnach im Zeugniskopf standen, hat sich die seltsame Formulierung erhalten. Gemeint sind Noten zum Arbeits- und Sozialverhalten, die in einer bestimmten Phase eingeführt, dann aber von mehreren Schulministerien wieder abgeschafft wurden. Ohnehin durften sie in Zeugnissen, mit denen Schüler sich bewerben konnten, nicht mehr auftauchen, es sei denn, dass die Eltern dies wünschten. Es gibt aber noch Schulen, die durchaus Kopfnoten vergeben. In diesem Fall ist der Klassenlehrer für das Einsammeln und Kompilieren dieser Noten zuständig. Auf einem gesonderten Blatt sollten entsprechende Bemerkungen festgehalten und im Laufe des Halbjahres immer wieder angepasst werden. Kriterien könnten z. B. sein:

- Arbeitsverhalten: Mitarbeit, Kooperationsfähigkeit, Selbstständigkeit, Ausdauer, Sorgfalt u. v. m.
- Sozialverhalten: Konfliktfähigkeit, Verantwortlichkeit, Regelbefolgung, Fairness, Hilfsbereitschaft u. v. m.

Die individuellen Möglichkeiten der Schüler müssen dabei berücksichtigt werden. Hilfreich ist deshalb auch eine kurze Bemerkung im Beurteilungsbogen, welche Dinge die jeweilige Einschätzung beeinflusst haben („Jörg half Sina bei der Bearbeitung …", „Erkan hat häufig im Sportunterricht gestört." usw.).

Wenn eine Schule keine Kopfnoten mehr erteilt, könnten die dafür gesammelten Kriterien dennoch eine interessante Grundlage für Beratungsgespräche sein.

## Bescheinigung von zusätzlichen Leistungen

Ein guter Verstärker für Leistungen eines Schülers durch sein Engagement im schulischen oder außerschulischen Bereich ist die Anerkennung durch eine Belobigung, Urkunde oder sonstige Hervorhebung.
Zu lobende Tätigkeiten könnten als Schülersprecher, als Verantwortlicher einer Schülerfirma, bei besonderem Einsatz in Schulzirkus oder Theatergruppe, als Teilnehmer von Aktionen zur Nachbarschaftshilfe, als Übungsleitung in Sportvereinen, als Mitglied der Jugendfeuerwehr usw. erbracht werden.

**AUSZEICHNUNG**

*Sebastian Häuser*
(Klasse 8a)

erhält diese Belobigung
für seinen Einsatz
in der Gruppe „Pausenhelfer"

Er hat vielen jüngeren Mitschülern geholfen,
eine interessante Entspannungspause
in der Mittagsfreizeit zu verbringen.

Köln, 16.01.2018

*Winkelmann*
Schulleiter

*Auszeichnung*

## Zeugnistragödien vermeiden

Am Tag der Zeugniskonferenz ist es für fast alles zu spät! Zeugniskonferenzen müssen vom Klassenlehrer unbedingt strategisch vorbereitet werden. Bei versetzungs- oder abschlussgefährdeten Schülern muss man rechtzeitig intervenieren und einen Ausgleich für Fehlleistungen organisieren. Manch ein Fachlehrer lässt sich im kollegialen Gespräch vielleicht noch dafür gewinnen, aus einem „Mangelhaft" ein „ganz schwaches Ausreichend minus" zu machen, um einen Abschluss nicht an schwachen Leistungen in seinem Fach scheitern zu lassen. In der Hektik der an einem Tag aufeinanderfolgenden Zeugniskonferenzen können Einzelfälle vor dem Plenum nicht mehr ausreichend beraten werden!
*Die Gesichtswahrung der Fachlehrer spielt auch eine Rolle: Wer vorher im kollegialen Gespräch noch ansprechbar für Veränderungen war, tönt vielleicht vor der Versammlung aller Kollegen: „Ich verschenke doch keine Noten!"*

Wer eine Klasse führt, tritt rollengemäß eben auch als Anwalt seiner Schüler auf. Das hat nichts mit Gemauschel zu tun: Noten (und damit auch die Versetzung oder Abschlussvergabe) sind eine genuin pädagogische Veranstaltung. Eine Entscheidung, die das Leben eines Schutzbefohlenen tangiert, sollte keine Routinesache sein, die durch das mathematische Addieren von Einzelnoten erledigt werden kann. In manchen Bundesländern gibt es zudem „Versetzung aufgrund einer pädagogischen Prognose" (= erwartete Leistungssteigerung im folgenden Schuljahr), „Versetzung auf Probe", „nachträgliche Versetzung und Nachprüfung" und weitere Maßnahmen, die die Entscheidung des Versetzens oder eben Nichtversetzens aufweichen und dem Pädagogen mehr Spielraum lassen.
*Das spricht nicht gegen pädagogisch verantwortliche Lösungen, die eine Wiederholung der Klasse, z. B. nach langen Fehlzeiten wegen Krankheit, nötig erscheinen lassen. In meiner langen Tätigkeit als Klassenlehrer hat nie (!) ein Schüler vom Sitzenbleiben profitiert.*

## Elterneinsprüche gegen Noten

Immer wieder kann es vorkommen, dass Eltern gegen die Bewertung einzelner Klassenarbeiten oder gegen Zeugnisnoten vorgehen. Der Lehrer ist dabei der Gegner, dem die bessere Note für das eigene Kind abgetrotzt werden soll.
Der Drohung mit dem Rechtsanwalt kann der einzelne Lehrer gelassener entgegen sehen, wenn er eine lückenlose Dokumentation der Schülerleistungen (s. o.) vorlegen kann. Dazu gehört beispielsweise, dass er Klassenarbeiten rechtzeitig angekündigt und bestimmungsgemäß durchgeführt hat, den schulinternen Lehrplan befolgt hat oder den sogenannten „blauen Brief" fristgemäß versandt hat.Jedenfalls sollte im Falle eines Einspruchs vonseiten der Eltern schnellstens der Rat von Sachverständigen in der Schulleitung oder eines Berufsverbands eingeholt werden. Die Verbände haben für diesen Fall eigene Rechtsabteilungen.

# Fördern und Fordern als Anspruch

Jeder Fachkundige weiß, dass zu diesem Thema ein eigener Ratgeberband angebracht wäre. Hier sollen nur kurz Aspekte zu Wort kommen, die speziell den Klassenlehrer angehen. Naheliegende Fragen wären:

- Gibt es für den Klassenlehrer Hilfen zur einfachen diagnostischen Beobachtung seiner Schüler?
- Welche innerschulischen Stützsysteme gibt es an der eigenen Schule (Fördermaßnahmen und Förderunterricht, Sprachkurse)?
- Sind die Förderkurse in der deutschen Sprache optimal hinsichtlich Gruppengröße und Methode?
- Wird sprachsensibler Fachunterricht in allen Fächern verwirklicht? (Gibt es DaZ-Materialien = Deutsch als Zweitsprache?)
- Wie geht die Schule mit speziellen Problemen, wie ADS, ADHS, Legasthenie usw., um?
- Ist das Beratungswesen effektiv?
- Wäre ein Schüler-Tutoren-System möglich?
- Könnte man Lehrer als Coaches für Schulmüde und mögliche Schulversager einsetzen?

**Fallbeispiel: Coach für Schulmüde**

Es kann sich lohnen, einzelne Lehrer (mit einem guten Kontakt zu den Schülern) mit einer oder zwei Übungsstunden auszustatten. Diese werden darauf verwandt, schulmüden Jugendlichen in den 9. und 10. Schuljahren nachzugehen. Von Klassen- und Fachlehrern bekommen sie die Namen und die Meldung, wenn in absehbarer Zeit Klassenarbeiten anstehen. Der Coach sucht die Schüler auf und spricht mit ihnen über den Stand der Vorbereitungen. Wenn nötig, gibt er taktische Ratschläge, wie eine optimale Vorbereitung aussehen könnte.

- Gibt es eine „Schulwerkstatt", wo abgespeckte Hauptschulabschlüsse vergeben werden, JOBSTARTER-Projekte oder eine Schulpartnerschaft mit Betrieben?
- Wie werden gute oder hochbegabte Schüler zusätzlich gefordert?
- Wurde mit den Schülern geübt, wie man sich optimal auf Klassenarbeiten vorbereitet?

**Wichtig:** Man sollte nach den Möglichkeiten des einzelnen Schülers helfen, statt Druck auszuüben, Leistungsstärken hervorheben und fördern, taktvoll mit „Versagern" umgehen und kindgerecht kommunizieren.[9]

## Entspannungsübungen bei Klassenarbeiten

Es ist allgemein bekannt, dass es Menschen gibt, die vor wichtigen Situationen stressbedingt den Überblick verlieren oder total blockiert sind. Für Schüler tritt dieser Fall am ehesten bei zu Recht oder Unrecht gefürchteten Klassenarbeiten oder Präsentationen auf. Ganz wesentlich ist in allen Fällen eine freundliche Einstimmung auf die Testsituation und eine verbale Beruhigung. („Ihr werdet sehen, die Arbeit ist nicht zu schwer. Ich bin sicher, jeder wird das schaffen. Überlegt in Ruhe – und wenn ihr etwas nicht verstanden habt, fragt mich jetzt, ehe wir beginnen.")

Der Klassenlehrer ist gut beraten, wenn er mit seinen Schülern einige einfache Verfahren der Entspannung und Beruhigung einübt – die auch in anderen Situationen hilfreich sein können. *(Siehe auch „Entspannungsübungen" auf S. 82)*

[1] Singer, Kurt: Der Autor zu seinem Buch „Die Schulkatastrophe. Schüler brauchen Lernfreude statt Furcht, Zwang und Auslese." *www.prof-kurt-singer.de/kurztext-schulkatastrophe.pdf,* S. 1

[2] §48 SchulG NRW, Düsseldorf 2016

[3] Siehe dazu: Gesamtschule Marienheide: Notentabelle, *www.gesamtschule-marienheide.de/?page_id=173*

[4] Paradies, Liane; Wester, Franz; Greving, Johannes: Leistungsmessung. Cornelsen Scriptor: Berlin 2012, S. 8

[5] Ebd., S. 11

[6] Ebd., S. 13

[7] Thurn, Susanne: Leistungsbewertung und Vielfalt. In: PÄDAGOGIK 9/2017, Beltz Verlag: Weinheim, S. 6

[8] Muth, Jakob: Integration von Behinderten. Über die Gemeinsamkeit im Bildungswesen, Neue Deutsche Schule Verlagsgesellschaft mbH: Essen 1986, S. 76

[9] Vgl. Dutschmann, Andreas: Das Konfliktlösungstraining für Eltern und Pädagogen (KLT). Lösungsstrategien, Tipps und Tricks. Borgmann Media, SolArgent Media AG: Basel 2005, S. 245

© Laurent Hamels/Fotolia.com

# 8 Störungen und Konflikte bearbeiten

# Wie Störungen entstehen

Störungen haben immer Ursachen und Hintergründe. Kann man sie entschlüsseln, ist man einen entscheidenden Schritt vorangekommen. Die einzelnen Faktoren verschieben sich in ihrer Gewichtung je nach dem konkreten Fall.
Meist stehen die von Schülern ausgelösten Probleme im Vordergrund des Interesses. Aber: Stört jemand, weil seine Eltern Erziehungsfehler gemacht haben? Oder weil ihn der Lehrer nicht erreicht? Oder weil ihn ein weltfremder Lehrplan langweilt und die Methoden nicht passen? Man wird davon ausgehen müssen, dass alle genannten Bereiche am Zustandekommen von Störungen beteiligt sind und unterschiedliche Zwischenabhängigkeiten eine Rolle spielen.

*„Ursachen-Torte" Störungen*

Störungen, die von **Schülern** ausgehen, treten häufig dann auf, wenn

- die berüchtigte Pubertät einigen Schülern die Kontrolle über sich selbst raubt oder sich das neu erwachte Selbstbewusstsein ausprobieren muss,
- um Anerkennung gekämpft wird – z. B. als Witzereißer oder Klassenclown,
- soziale Spannungen in der Klasse in Form von Gruppenbildung, Mobbing usw. auftreten,
- biologisch-organisch-psychische Ursachen eine Rolle spielen, wie Konzentrationsmangel oder das Zappelphilipp-Syndrom (Aufmerksamkeitsdefizit-/Hyperaktivitätsstörung ADS und ADHS),
  *Achtung: In letzter Zeit scheint es eine Inflation von ADHS-Diagnosen zu geben, die dann auch noch einen medikamentösen Ritalin-Einsatz nach sich ziehen.*
- aufgeschnappte, ehrenrührige Schimpfwörter verwendet werden, deren Bedeutung dem Beschimpfenden selbst nicht klar ist,
  *Z. B. beschimpfte ein Knirps aus meinem 5. Schuljahr seinen Gegner mit „Du homosexueller Strandwichser!". Was das sein sollte, wusste er nicht zu sagen.*
- mangelnde Motivation und Lernverweigerung vorherrscht.

**Störungen ausgehend vom Elternhaus** können damit zusammenhängen, dass

- Schüler an häuslichen Problemen knabbern (Eheprobleme der Eltern, das Gefühl, vernachlässigt zu werden usw.),
- erzieherische Defizite im Elternhaus vorliegen (Verwöhnung, Inkonsequenz – die „Prinzchen" der Familie können kein Nein akzeptieren –, tatsächliche Vernachlässigung) oder
- das Elternhaus von bestimmten kulturellen Muster geprägt ist („Eine Frau hat mir nichts zu sagen!").

Natürlich können auch **Lehrpersonen und deren Unterricht** Verursacher von Störungen sein. Diese liegen vor, wenn

- viele intensive Instruktionsphasen aus vorangegangenen Stunden bei Fachlehrern das Aufnahmevermögen der Schüler überfordern.
- der Unterricht langweilig ist oder Schüler den Anschluss an die Stoffvermittlung verloren haben.
- die Lehrperson den Unterricht zu sehr dominiert.
  *Hilbert Meyer erzählte von der Erinnerung an seine Mentorin, die häufiger bemerkte: „Lehrer stört!", wenn er mal wieder im Unterricht dominierte.*[1]
- Lärm vorherrscht und die Möglichkeit zu konzentriertem Arbeiten fehlt.
- Verhaltensmängel bei den Lehrkräften vorliegen. Das können häufiges Verspäten, mangelnde Vorbereitung, inkonsequentes Verhalten bei der Regelung disziplinarischer Fragen, körpersprachlich irritierende Botschaften u. a. sein.
- mit jungen Leuten nicht wertschätzend umgegangen wird.
- eine mangelnde Bereitschaft vorliegt, sich außer mit fachlichen Fragen auch mit sozialen bzw. gruppendynamischen Entwicklungen in der Klasse zu befassen.
- die Schüler nicht ausreichend eingebunden werden (Klassenregeln, Gesprächsrunden).

Störungen, die mit der **räumlichen Situation** zusammenhängen, resultieren beispielsweise daraus, dass

- Tische zu eng gestellt sind; es kommt zu Kollisionen bei Bewegung in der Klasse,
- Ablage- und Ordnungssysteme fehlen und dies für Durcheinander sorgt,
- unangenehme Temperaturen herrschen (Fenster auf der Sonnenseite im Hochsommer).

Störungen können aber auch von der **Institution Schule** verursacht werden. Diese liegen vor, wenn

- es an Pausen, auflockernden Phasen und Bewegungsmangel fehlt,
- personelle Engpässe und Vertretungs-Roulette Unruhe in die Klassen bringen,

- der Leistungsdruck sehr hoch ist („Wir wollen die leistungsstärkste Schule des Bezirks sein!") und
- ein nicht förderliches Schulklima vorliegt.

Störungen, die **allgemein-gesellschaftliche Ursachen** haben, können u. a. sein:
- Umweltstress und mediale Reizüberflutung,
- die Relativierung der Bedeutung der Schule,
- lange Anfahrtswege in überfüllten Verkehrsmitteln u. v. m.

# Störungen und Konflikte als Kommunikationsproblem

Das vom Lehrer und von den Eltern Gemeinte muss nicht das vom Schüler Verstandene sein. Das Gelingen einer Kommunikation zwischen Sender und Empfänger einer Botschaft kann nicht ohne Weiteres vorausgesetzt werden. Die Gründe dafür hat Friedemann Schulz von Thun plausibel erklärt. In seinem Kommunikationsquadrat sind die Ebenen der Verständigung dargestellt:

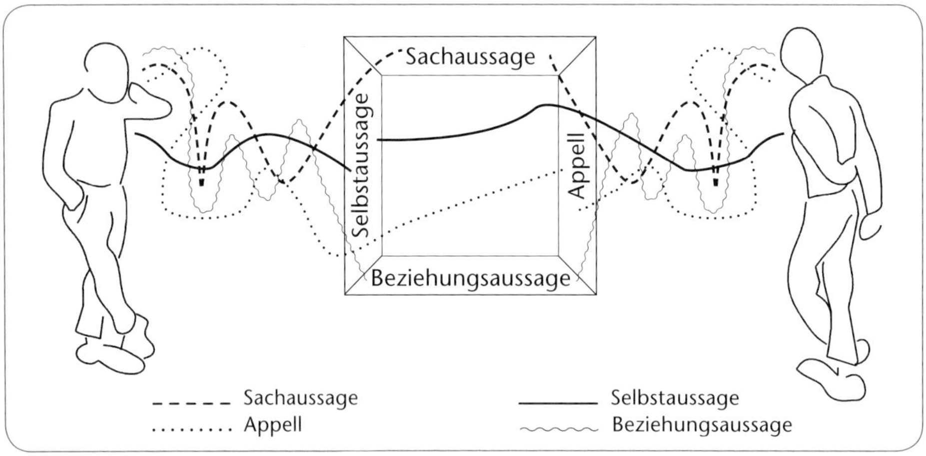




*Kommunikationsquadrat nach Friedemann Schulz von Thun*

Nach Schulz von Thun sind die Ebenen Sachaussage, Selbstausgabe, Beziehungshinweis und Appell häufig Ursache von Missverständnissen. Diese vier Seiten einer Nachricht werden auch als „Vier-Ohren-Modell" bezeichnet. Das macht leichter verständlich, dass eine vom Sprecher ausgesandte Botschaft auch auf taube Ohren treffen bzw. in einigen Facetten falsch verstanden werden kann. Hier ein Beispiel, wie ein freundlicher Hinweis des Lehrers beim Empfänger ankommen und zu Störungen führen kann:

| Ebene | Der Lehrer sagt ... | Der Schüler versteht ... |
|---|---|---|
| 1. Sachaussage | Du solltest den Test vorbereiten. | Ich soll mal wieder zusätzlich lernen. |
| 2. Selbstaussage | Ich fürchte, er schafft den Test nicht. | Er will mich mal wieder unter Druck setzen. |
| 3. Beziehungsaussage | Ich finde ihn nett, mache mir aber Sorgen. | Der hält mich für blöd. Wahrscheinlich denkt er, dass ich wieder mal versage. |
| 4. Appell | Begreif das bitte: Es ist zu deinem Besten! | Ich habe keine Lust, mir etwas befehlen zu lassen! |

*Der Lehrer regt eine bessere Vorbereitung auf einen Test an.*

# Vom Umgang mit Störungen

Die noch erweiterbare Aufzählung von Störungsursachen zeigt, wie weit gefächert und kompliziert das Terrain ist. Wer kann z. B. schon mit Gewissheit sagen, ob der pubertäre Wutausbruch eines Schülers nicht doch mit seiner häuslichen Situation und dem zusätzlich ärgerlichen Warten auf den Bus zusammenhängt?

Damit werden gleich drei Tatsachen deutlich:

1. Der Lehrer darf die störenden Interventionen nicht allein auf sich beziehen und beleidigt reagieren, „den Kampf aufnehmen" und bestrafen wollen.
2. Die Botschaft muss sich auf das störende Verhalten beziehen, ohne den Störer persönlich abzuwerten.
   Falsch: „Du bist heute wirklich unerträglich!";
   Richtig: „Simone, dein Hineinreden stört die anderen beim Lernen".
3. Die Störungen kleinzuhalten, bedeutet, ihnen nicht mit dem strittigen Hin und Her zu viel Aufmerksamkeit und Unterrichtszeit einzuräumen.
   Richtig: „Kati und Simone, ich habe verstanden, dass es ein Problem gibt. Wir arbeiten jetzt weiter und klären das am Ende der Stunde!"

Die Beispiele machen klar, dass es bei der Fülle von Ursachen nicht die eine Reaktion auf Störungen geben kann. So können Konzentration und Ruhe meist durch Maßnahmen des Ausgleichs und der Beruhigung wiederhergestellt werden. Selbst wenn man Ziel von Beschimpfungen ist, ist es manchmal klug, etwas zu überhören oder als unwesentlich abzutun.

**Fallbeispiel: Überhören ist auch eine Lösung!**

Ein Schüler ist wegen einer von ihm angezettelten Prügelei vom Klassenlehrer ermahnt worden. Im Weggehen hört der Lehrer, wie ihm wütend nachgezischt wird: „Blöder Idiot!“. Statt sich umzudrehen und die nächste Eskalationsspirale in Gang zu setzen, entscheidet sich der Beschimpfte, den pubertären Wutanfall zu überhören und der Aggression Nichtbeachtung entgegenzusetzen. Denn die anwesenden Schüler wären von einer Fortsetzung des Konflikts entzückt gewesen, wandten sich aber ab, als ihnen klar wurde: Er nimmt den Wütenden nicht ernst!

Dazu passt der Hinweis: „Entkoppeln Sie das Schülerverhalten von Ihren negativen Emotionen. Viele Schüler(innen) haben gelernt, dass Regelverstöße zu theatralischen Reaktionen des Lehrers führen. Vielleicht verstoßen sie gegen die Regel, weil sie sich darüber amüsieren wollen.“[2]

## Das Phänomen der Verstärkung

Für viele Pädagogikstudenten ist es eine nachhaltige Überraschung, wenn während des Studiums von Schülern berichtet wird, die es als „Vorteil“ ansehen, wenn sie gemaßregelt oder bestraft werden. Sie verbuchen die mit den Sanktionen erreichte Aufmerksamkeit als nützlich für ihre persönliche Performanz. *Wir bezeichneten das seinerzeit als „negative Verstärkung“, was aber wissenschaftlich ein wenig anders gesehen wird.*
Ohne Zweifel liegt hier eine Persönlichkeitsstörung vor. Der auffällig gewordene Schüler „gewinnt“ seiner Meinung nach durch Zurechtweisung. Der betroffene Lehrer muss an dieser Stelle immer genau überlegen, ob er über dieses Stöckchen springen will.

**Fallbeispiel: Kati „siegt“ mit schlechtem Verhalten**

Kati nimmt ziemlich rüde ihrer Nachbarin das Mäppchen weg. Die Lehrerin greift ein, requiriert das Mäppchen und gibt es der Besitzerin zurück.
Kati werden vor versammelter Klasse heftige Vorwürfe für ihr Verhalten gemacht.

Kati hat kein größeres Problem mit der Situation – denn sie hat wichtige (möglicherweise unbewusste) Ziele erreicht:

1. Verstärker: Sie hat ihre Nachbarin herausgefordert.
2. Verstärker: Die Lehrerin wendet sich ihr zu.
3. Verstärker: Ihre Langeweile ist verflogen, denn die Aktion hat ihr Spaß gemacht.
4. Verstärker: Sie hat die Aufmerksamkeit der Klasse.

Den Tadel steckt sie ohne Weiteres weg, größere Folgen sind ja nicht zu befürchten.

## Störungen sinnvoll entgegenwirken

Wenn man nachvollzogen hat, auf welche Vielzahl von Ursachen Störungen zurückzuführen sind, ist es leicht, einzusehen, dass auch die Reaktionen darauf in intelligenter Weise angepasst sein müssen. Die nachfolgende Auflistung von Maßnahmen soll eine Anregung darstellen, die jeweils geeignete Intervention für die aufgetretene Situation zu wählen.

- sofort reagieren:
  - nonverbal: Körpersprache einsetzen in Form von Blickkontakt, Kopfschütteln; Gelbe oder Rote Karte etc.
  - verbale Ich-Botschaft: „Das stört mich“, „Ich komme nicht weiter, wenn …“
  - nicht maßregelnde persönliche Ansprache und Aufforderung: „Sven, arbeite bitte auch mit!“
- deeskalierend agieren: Stille-Übung, beschwichtigen, humorvoll reagieren
- unspezifische Beschimpfung mit Rückfragen beantworten, entkräften usw.
- kleinere Störungen ggf. ignorieren
- Wechsel forcieren: Methode ändern, Tempo ändern, kurze Unterbrechung, um Feedback über die Situation zu holen
- Verhaltenshilfen anbieten: z. B. in Form einer einfachen Erinnerung. Ein Schildchen mit Klebefilm auf dem Schülerpult anbringen: „Nicht reinquatschen!“ „Nicht mit den Fingern schnipsen!“
- Distanzzonen berücksichtigen: niemandem auf den Leib rücken; sich nicht vor einem Schüler aufbauen, da es bedrohlich und aggressiv wirkt
- Störer in die Rückzugsecke der Klasse zum „Abkühlen“ verweisen
- bei Ausbleiben einer Wirkung: Sanktionen durchführen, z. B. nach der Stunde dableiben, um das Verhalten zu besprechen
- individuelle Gespräche mit unbelehrbaren Störern außerhalb der Unterrichtssituation führen
- Aushandeln von Verträgen: „Wenn … dann …“

- auf mögliche Sanktionen nach der „Allgemeinen Schulordnung" hinweisen
- Eltern informieren und einbinden
- Beratungssystem der Schule hinzuziehen
- bei häufigen und längerfristigen Störungen durch einen Schüler: Trainingsraum! *(Siehe dazu „Der Trainingsraum" auf S. 119)*

Natürlich gibt es auch Maßnahmen, die man nicht ergreifen sollte, wie z. B. die folgenden:

- Strafarbeiten, wie „Fass bitte für morgen die Stunde schriftlich zusammen!", sind keine besonders originellen Lösungen, weil sie den Prozess des Schreibens und Protokollierens zu einer Strafe stilisieren
- keine kollektive Beschimpfung der Klasse
- keine sich verstärkende Spirale aus negativen Interventionen zulassen

Es ergibt Sinn, wenn man als Lehrer nicht spontan und immer nur irgendwie reagiert; besser wäre es, präventiv schon einen Stufenplan im Kopf zu haben. Darin sollten Verhaltensformen enthalten sein, wie man angemessen reagiert, ohne gleich in Wut zu geraten. Denn das zieht meist unangemessene, überschießende Reaktionen nach sich.
Hat man das Verfahren (Deeskalations-Leiter) mehrfach genutzt, löst jeder weitere Konflikt die Erinnerung an ein taktisch erfolgreiches Lehrerverhalten aus.
Dies muss aber authentisch sein und zum jeweiligen Klassenlehrer passen.

**Tipps zur Mitarbeit der Schüler** in Bezug auf das Vermeiden von Störungen:

- Ein Schüler protokolliert – im Wechsel mit anderen – alle Störungen und in der Verfügungsstunde werden die notierten Erlebnisse besprochen.
- Das positive Verhalten wird in einen Wettbewerb eingebettet („Good Behaviour Game").

Es handelt sich dabei um „[...] eine Form der Verhaltenssteuerung durch die Belohnung von positivem Arbeitsverhalten von Schülern während der Arbeitsphasen im Unterricht. Nach einem Gespräch mit der Klasse, wie eine optimale Zusammenarbeit in der Gruppe aussehen sollte, werden störende Verhaltensweisen (‚Fouls') genau festgelegt. Die Klasse wird in zwei oder mehrere Teams geteilt. Für jede inadäquate Verhaltensweise (‚Foul') eines seiner Mitglieder erhält das Team einen Punkt. Das Team mit der geringsten Anzahl von Punkten am Ende der Spielzeit gewinnt eine Gruppenbelohnung, die in den ersten Wochen unmittelbar erfolgt, später dann zeitlich verzögert, z. B. am Ende des Schultags, gegeben wird. Wenn beide Teams ihre Punkte unter einem vorher gesetzten Niveau halten, können beide Gruppen die Belohnung bekommen."[3]

## Der Trainingsraum

Unterrichtsstörungen können den Schulalltag für Schüler und Lehrer erheblich belasten. Die meisten Unterrichtsstörungen entstehen unreflektiert, durch Langeweile, Verdruss über außerschulische Vorfälle, nicht mehr sitzen können usw. Das Konzept des eigenverantwortlichen Denkens setzt hier an: Es will den Schülern die Folgen ihres Tuns bewusst machen und sie die Konsequenzen ihres Verhaltens überdenken lassen. Zwei Ziele stehen im Vordergrund:

- Unterrichtsstörungen sollen vermieden werden.
- Schüler sollen mit der Möglichkeit konfrontiert werden, Verantwortung für ihr Handeln und für ihre Ziele im Unterricht zu übernehmen und die Rechte der Mitschüler zu respektieren.

Oberste Maxime ist der ungestörte Unterricht. Stört ein Schüler den Unterricht wiederholt, muss er die Klasse verlassen. Er kann im sogenannten **Trainingsraum** mit Unterstützung der hier anwesenden Lehrkraft über sein Verhalten nachdenken und neue eigene Lösungsstrategien für ähnliche Situationen im Unterricht entwickeln. Der Schüler geht erst dann in den Unterricht zurück, wenn er schriftliche Vereinbarungen entwickelt hat, wie er in ähnlichen Konfliktfällen zukünftig handeln will. „Grundgedanken [sind] der respektvolle Umgang mit Schülerinnen und Schülern sowie die Stärkung der Verantwortung für ihr eigenes Handeln."[4]

## Konfrontative Pädagogik

Schon seit den frühen Zeiten der Pädagogik (Pestalozzi, Schleiermacher) gibt es eine Diskussion über das sogenannte „mütterliche oder väterliche Prinzip in der Erziehung". Dabei betone das Väterliche die Forderung nach Leistung und Anpassung an Normen und Gesellschaft, während das Mütterliche für das (weichere) Verständnis der individuellen Entwicklung stehe. Durch eine Feminisierung der Erziehung (mehrheitlich Frauen in Kitas, Grundschulen) würde Jungen aber das männliche Element vorenthalten. Ihr im Gegensatz zu den Mädchen weniger angepasstes Verhalten werde ihnen dabei zum Vorwurf gemacht und pathologisiert.

Die **Konfrontative Pädagogik** – mit Wurzeln in den USA, eingesetzt im Umgang mit delinquenten Jugendlichen – achtet stärker auf die Durchsetzung eines festen Regelwerkes, das Übertretungen konsequent mit abgestuften Sanktionen belegt. Für die deutsche Sozialpädagogik und Jugendhilfe, die seit den 1960er-Jahren eher auf Verständnispädagogik setzt, scheint diese auf direkte Konfrontation zugeschnittene Pädagogik ein Graus zu sein.

Der Erziehungswissenschaftler Ahmet Toprak schlägt das konfrontative Vorgehen aber ausdrücklich vor, wenn es z. B. um den Umgang mit störendem Verhalten von Jugendlichen aus anderen – paternalistisch orientierten – Kulturkreisen geht. Viele türkische Eltern z. B. würden von ihren Kindern Unterordnung und Anpassung verlangen – sie sollen Respekt vor den Autoritäten haben. Das deutsche System gehe aber häufig von einer verständnisvollen Pädagogik aus, die dann auf wenig Verständnis und Akzeptanz stoße. Ein stärkeres Beharren auf der eigenen Autorität des Lehrers als Erziehungs-Beamten und auf der Macht der staatlichen Institution Schule sei für Jugendliche und Erwachsene dann weitaus überzeugender. Es gehe nicht an, dass alle möglichen Entschuldigungen angeführt werden, es gehe ausschließlich um den Bruch der Regeln.[5]

# Wie Konflikte sich entwickeln

Schon der Begriff Konflikt hat meist einen negativen Beigeschmack. Konflikte sollen dementsprechend schnellstens aufgelöst oder gar von vornherein vermieden werden. Dabei sind Konflikte – so sie nicht verletzend oder gewalttätig ausgetragen werden – ein wichtiger Bestandteil des täglichen Lebens. Unterschiedliche Meinungen und Bedürfnisse treten gegeneinander auf. Mit ihnen tolerant und klug umgehen zu können, ist ein wichtiges Lernziel für Schüler (und nicht nur für sie!). Diese Konfliktlösungskompetenz muss aber schrittweise gelernt und geübt werden.

## Wann ist ein Konflikt wirklich ein Konflikt?

Der Sammelbegriff Konflikt unterscheidet zunächst nicht nach den verschiedenen Arten eines Konflikts:

- offene Konflikte, die aber zu einer von allen akzeptierten Lösung führen können, wenn man sie in gemeinsamer Diskussion bearbeitet, sonst bleibt eine Entfremdung zwischen den Konfliktparteien,
  *Die Klasse ist nicht einig über das Ziel der Klassenfahrt: Ein Teil will an die See, ein anderer Teil in die Berge.*
- spontan entstandene Konflikte,
  *Schüler streiten um einen guten Platz in einer Warteschlange vor der Mensa.*
- verdeckt schwelende Konflikte, die von außen nicht erkennbar unter der Oberfläche bestehen.
  *Seit Langem ist Kathi heimlich sauer auf Lara. Sie wartet nun auf eine Gelegenheit, ihr eins auszuwischen, und die nächste Meinungsverschiedenheit endet voraussichtlich im Krach.*

Kein Konflikt liegt vor bei:
- Missverständnissen oder Versehen und
  *Jan hat Annas Butterbrotdose zertreten, es war aber keine Absicht.*
- selbst verschuldeten Pannen und Informationslücken.
  *Niklas hat sein Referat vergessen und bekommt eine schlechte Note.*

## Konflikte im Gewinner-Verlierer-Modus

Viele Konflikte gewinnen an unnötiger Schärfe, weil die Konfliktbeteiligten davon ausgehen, dass sie jedenfalls als „Gewinner" der Auseinandersetzung punkten müssten. Nun ist „Siegen" im pädagogischen Bereich eine schwierige Kategorie. In Erziehungssituationen ist gemeinhin kein Gewinner vorgesehen. Dennoch scheint es für Lehrer – wie auch für Schüler – ein angstbesetzter Umstand zu sein, sich nicht durchsetzen zu können. „Setzt man sich nicht durch, gewinnt man nicht den Konflikt, büßt man an Autorität ein. Dagegen steht ein Konfliktverhalten, das in erster Linie die Lösung des Konflikts im Auge hat. Lösung bedeutet nicht Nachgeben, auch nicht unbedingt Kompromiss, sondern eine Lösung ist dann gelungen, wenn beide Seiten die Bedürfnisse, die sie in den Konflikt einbrachten, erfüllen können."[6]

## Das Freudsche Eisberg-Modell

Auch vielen Lehrern ist anlässlich eines Vorfalls nicht sofort präsent, dass der Auslöser eines Konflikts nur auf den ersten Blick eindeutig erscheint. Wie das bekannte **Freudsche Eisberg-Modell der offenen und verborgenen Konfliktursachen und Gefühlslagen** aber klarstellt, sind der größere Teil der Gründe für einen Konflikt unbewusster Natur. Daher sind sie für die Beteiligten nicht ohne Weiteres erkennbar. Auch wenn der Klassenlehrer sich nicht als Therapeut betätigen kann, wäre es doch nützlich, den Bereich halb bewusster oder gar unbewusster Motive zu bedenken oder in individuellen Gesprächen zu erforschen. Diese Faktoren können für Auslöser eine treibende Rolle spielen:
- Interessen: Was ist den einzelnen Personen wichtig?
- Gefühle: Wie fühlen sich die Beteiligten? Was geht in ihnen vor?
- Äußere Bedingungen: Warum können sie nicht tun, was sie gern wollen?
- Beziehungsfragen: Wie stehen die Personen zueinander? (Sympathie, Liebe, Abneigung)
- Einstellungen: Was glauben die Personen, was richtig ist?
- Informationsstand: Sind alle Beteiligten richtig informiert?

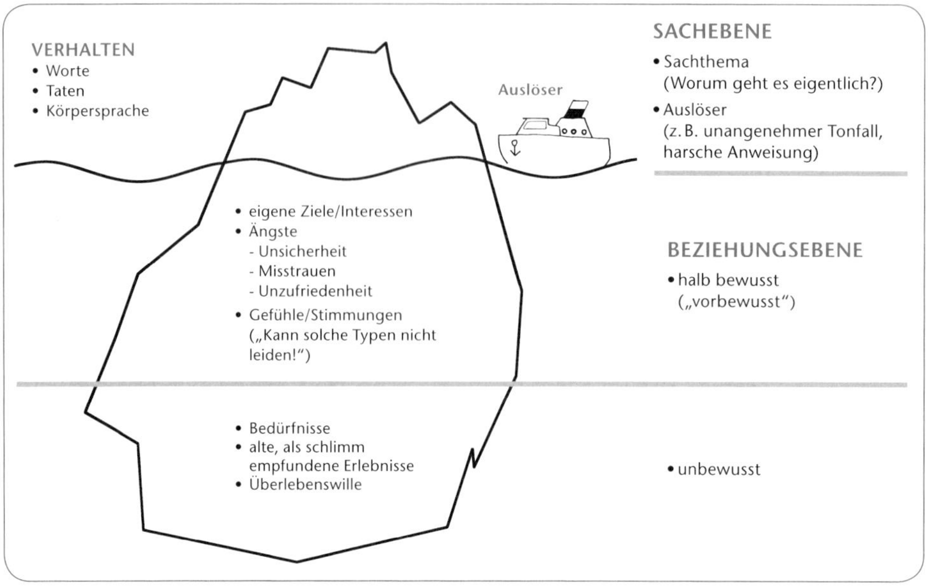


*Eisberg-Modell, angepasst an Konflikte in der Schule*

## Mobbing in der Klasse

Nicht jede Auseinandersetzung zwischen Schülern oder Schülergruppen, nicht jede temporäre Ausgrenzung Einzelner ist gleich Mobbing, nicht jede wütende Nachricht über Facebook oder WhatsApp Cybermobbing! Dennoch ist für den Klassenlehrer Vorsicht geboten: Viele dieser Prozesse spielen sich verdeckt ab. Es gibt Schweigekartelle, die äußerst schwer zu erkennen und aufzubrechen sind. Abgesehen von den oft schwerwiegenden psychischen (und oftmals auch physischen und sozialen) Folgen für die Opfer, untergräbt Mobbing die Gruppensituation in der Klasse und das Prestige des Klassenlehrers („Der kriegt echt nix mit!").
Ein Einstieg in das schwierige Problem könnte sein, in einer Stunde ganz allgemein über Mobbing zu referieren und anzukündigen, dass man sich in der Klasse in einer Woche erneut mit dem Problem befassen werde. Dabei gehe es nicht um Denunziationen, sondern um Klärung und Vermeidung möglicher Vorfälle. Zur Vorbereitung einer solchen Gesprächsrunde (aber auch zur diskreten Information des Klassenlehrers) ist auch eine anonyme Abfrage mit Zetteln möglich.

Michael Meestmacher schlägt vor, mit der Klasse durchzuspielen, wie ein Mobbingfall verstanden, beurteilt und dann unterbunden werden kann. Er charakterisiert die verschiedenen Gruppen, die an Mobbingfällen beteiligt sind:

- das Opfer,
- der Täter,

- die Assistenten des Täters,
- die Verstärker des Täters,
- die Verteidiger des Opfers und
- die Außenstehenden.

Erst wenn die Rollen aller Beteiligten am Konflikt offenbar sind, lassen sich Vereinbarungen zu Beilegung des Falles treffen.[7]

Manch einer mag Mobbingvorfälle zunächst für alterstypische, temporäre Konflikte halten. Viele der fein gesponnenen Bosheiten kommen eh nicht ans Tageslicht. Und wer weiß, denkt der Klassenlehrer – vielleicht ist der Betroffene auch etwas zu zart besaitet und regt sich über Nickeligkeiten auf, die möglicherweise nicht so gravierend herüberkommen sollten.
Ein Gruppen-Mobbing in meiner Klasse erwies sich aber als tiefschürfender und dauerhafter Konflikt, obwohl es zu Beginn nicht danach aussah.

**Fallbeispiel: „Wir machen Frida und Emma platt!"**

Unter den Mädchen meiner 8. Klasse hatte sich eine unterschwellige Hasskultur aufgebaut. Zwei Gruppen befehdeten einander. Anonyme Anrufe, Verstecken von Gegenständen, verborgenes Grimassenschneiden, wenn ein „cliquenfremdes" Mädchen einen Beitrag brachte, Gerüchte erfinden usw. Einige der betroffenen Schülerinnen reagierten mit gesundheitlichen Problemen, depressiven Schüben und Wegbleiben aus der Schule. Ich als Klassenlehrer hatte lange nichts von dem Problem mitbekommen.

Als sich eines der Mädchen den Eltern öffnete und diese mich unterrichteten, kam Bewegung in die Situation. Ich organisierte einen Gesprächskreis mit den Mädchen der Klasse und deren Eltern. Es wurde dabei sogar überlegt, ob nicht bestimmte Hauptbeteiligte die Klasse wechseln sollten, um wieder Ruhe in die zerstrittene Gruppe zu bringen. Schließlich gelang ein Friedensschluss und der Unterricht konnte weitgehend ungestört weiterlaufen.

Wie schwierig die Beilegung solcher hartnäckigen Konflikte ist, sollte sich erst nach der Schulentlassung der betreffenden Klasse zeigen. Hatten vorher alle betont, es sei alles wieder in Ordnung, verweigerte eine der beiden verfeindeten Mädchengruppen die Teilnahme am Klassentreffen – zwei Jahre nach der Schulentlassung.

# Lösungsstrategien erabeiten

Es ist schon viel gewonnen, wenn Animositäten und konflikthafte Reibereien in der Klasse offenbar werden und die Beteiligten einräumen, dass ein Konflikt vorliegt. Dieser wird sehr viel durchsichtiger, wenn man die Personen und ihre Interessen, ihr Verhalten und ihre Beweggründe untersucht. Mitunter stellt man dann fest, dass „Stellvertreter-Konflikte" anliegen. Die Lehrerin wird angegangen, obwohl der Hintergrund ein Streit mit der Mutter ist („Die Erwachsenen gehen mir heute echt auf den Geist!"). Der Banknachbar wird angepöbelt, weil es in der Pause Streit mit einem Schüler aus der Nachbarklasse gab. *(Beispiel für die Analyse in der Klasse; siehe dazu Vorlage „Konfliktanalyse im Bus" auf S. 185)*
Wie in vielen Lebenslagen gibt es auch bei Konflikten drei wirklich hilfreiche Haltungen: Freundlichkeit, Festigkeit und Respekt. Wer anderen auf diese Weise gegenübertritt, hat schon gute Chancen, den Konflikt zu mildern oder ganz zu entschärfen. Wer frühzeitig mit seinen Schülern Übungen zur Konfliktbewältigung durchführt, beugt Streitigkeiten vor und das wiederum wirkt sich positiv auf die schulische Situation aus.

## Klassenprojekt: „Rollenspiel Konfliktgespräche"

Zusammen mit den Schülern wird eine Vorlage mit einem alltäglichen Konflikt erstellt, z. B. ein Konflikt mit einem Fachlehrer oder eine Sachbeschädigungsfrage unter Schülern. Anschließend werden die Rollen der verschiedenen Konfliktbeteiligten unter einigen Schülern verteilt und das Spiel mit der Entwicklung des Konflikts und dem Ziel einer Schlichtung beginnt.
Am Ende der Spielsequenz dürfen die „Spieler" als erste sagen, wie sie sich fühlten; die anderen äußern sich aufbauend und freundlich. Die Klasse beurteilt anschließend die verschiedenen Phasen des Konfliktverlaufs und überlegt, ob eine positive Lösung gefunden werden konnte bzw. was noch optimaler hätte verlaufen können.

## Einbeziehung des Klassenrates

Eine der konstruktiven Möglichkeiten, Konflikte in der Klasse zu bearbeiten, ist die Einbeziehung des Klassenrates. Die Regelung von Streitfällen ist natürlich – wie im Abschnitt *„Der Klassenrat" (S. 42)* erwähnt – nur ein Arbeitsfeld dieses Gremiums.
Zur Konfliktlösung können folgende Schritte helfen:

1. **das Problem schildern:**
   - Die Kontrahenten stellen (nacheinander) ihr Problem und die damit verbundenen Gefühle dar. Dabei gilt: kein Unterbrechen, keine Gegenrede, keine Zeichen von Ungeduld.

- Sachliche Nachfragen zur Klärung offener Fragen werden gestellt.
- Die Kontrahenten erklären, was sie erreichen wollen.

2. **Lösungsvorschläge sammeln:**
   - Es werden ggf. Zwischenschritte ermöglicht, bei denen vorgeschlagene Lösungen erklärt bzw. hinterfragt werden können.
   - Die Kontrahenten müssen der Lösung zustimmen, eine bloße Abstimmung würde Verlierer schaffen.
3. **gefundene Lösung/Einigung aufschreiben**

## Streitschlichter als Mediatoren

Abgesehen von einer Entlastung des Klassenlehrers, bietet die Arbeit als Streitschlichter für die agierenden Schüler einen echten Mehrwert.
Durch ihre Mediatorentätigkeit entwickeln sie soziale Kompetenzen, die ihnen nicht nur im Umgang mit Mitschülern nützlich sein werden. Techniken des Zuhörens, des Erkennens von Gefühlen und des Perspektivwechsels werden eine hohe Bedeutung für die Gesamtentwicklung der Persönlichkeit haben und ihre Bedeutung über die Schule hinaus behalten.
*Es kann hier nicht die Methodik der Mediatorenausbildung ausgebreitet werden. Dazu bedarf es einer besonderen Anstrengung einer Lehrergruppe bzw. der Schule, die dieses Verfahren in ihr Schulprogramm aufnehmen will.*[8]

## Einbeziehung der Eltern

Bei schwerwiegenderen Konflikten lohnt es sich oft, die betroffenen Eltern mit ins Boot zu holen. Ihre Wahrnehmung des Vorgangs zu erfahren und ihre Lösungsvorschläge zu hören, kann hilfreich für die Lösung des Konflikts sein. Auf der anderen Seite erfahren sie aus erster Hand, wie die Beteiligung ihrer Kinder gesehen wird – sicher aufschlussreich für Eltern, die bis dahin nur die Version ihrer Sprösslinge gekannt haben.

# Wenn das Ordnungsrecht zuschlägt

Als Klassenlehrer sollte man sich unbedingt rechtzeitig mit der Erlasslage des jeweiligen Bundeslandes vertraut machen. Das ist wichtig für die Regelung von Disziplinarfällen und die möglicherweise anschließende Beschlussfassung in der Klassenkonferenz oder anderen Gremien der Schule.

Die Allgemeine Schulordnung ASCHO (z. B. in NRW) definiert wichtige Unterschiede zwischen Erziehungs- und Ordnungsmaßnahmen.
Erziehungsmaßnahmen sind (bei leichten Verstößen):

- eine Ermahnung und das Gespräch mit Einzelnen oder Gruppen
- ein Nacharbeiten von vernachlässigten Aufgaben, auch in der Schule unter Aufsicht eines Lehrers
  *Achtung: Dann müssen die Eltern benachrichtigt werden!*
- zusätzliche häusliche Übungsaufgaben (Diese verlangen aber nicht wie herkömmliche Strafarbeiten Abschreibleistungen.)
- ein Verweisen aus dem Klassenraum
  *Achtung: Es muss eine Aufsicht vorhanden sein!*
- eine mündliche oder schriftliche Missbilligung des Fehlverhaltens
  *Die ausdrückliche Rüge wiegt dabei schwerer als die Ermahnung. Eine schriftliche Missbilligung kann (muss aber nicht) auch den Eltern mitgeteilt werden!*
- eine Beseitigung von Schäden, Erfüllung von Sonderaufgaben usw.
- ein Ausschluss von Festen und Unterrichtsgängen (Diese Maßnahme unterliegt dem Beschluss der Klassenkonferenz!)

Ordnungsmaßnahmen sind:

- Eintrag von Verweisen ins Klassenbuch
- Versetzung in eine Parallelklasse
- Androhung des Ausschlusses vom Unterricht
- vorübergehender Ausschluss vom Unterricht
- Schulverweis

Eine besondere Herausforderung stellen Probleme mit dem außerschulischen Verhalten dar, denn das darf nur eine Rolle spielen, wenn Folgen davon in die Schule hineinwirken.[9]

## Rechtsgrundlage und Zuständigkeiten

Die erzieherischen Maßnahmen sind – anders als die Ordnungsmaßnahmen – keine Verwaltungsakte und somit ist gegen sie ist auch kein Widerspruch möglich. Im Übrigen sind bei einer Ordnungsmaßnahme die Zuständigkeiten der Oberen Schulbehörde, des Schulleiters, einer Teilkonferenz und des Schülerrates zu berücksichtigen. Es ergibt wenig Sinn, die einzelnen Verfahrensfragen (wie z. B. die Anhörungsrechte der Betroffenen usw.) hier zu erörtern – der Klassenlehrer sollte dazu in die entsprechenden Bestimmungen seines Bundeslandes schauen.

Zu bedenken sind allerdings folgende Punkte:

- Kann der Schüler frühzeitig auf die sich drohend nähernde Situation aufmerksam gemacht und können ihm Auswege aus der Situation vorgeschlagen werden?
- Sind die Maßnahmen geeignet, erforderlich und angemessen?[10]
- Gibt es auch kreativere Lösungen, sprich disziplinarische Möglichkeiten außerhalb der Bürokratie-Maschinerie? Kann beispielsweise die Schulberatung helfen? Kann ein Vertrag über das künftige Verhalten abgeschlossen werden? Können die Eltern eingebunden werden bzw. kann die Berücksichtigung der häuslichen Verhältnisse etwas anderes nahelegen als einen Verweis?
- Kommt es zu einer offiziellen Klassenkonferenz, bekommt die Sache endgültig einen amtlichen Charakter. Der zu maßregelnde Schüler und seine Eltern werden eingeladen und angehört. Die getroffenen Erziehungs- oder Ordnungsmaßnahmen werden protokolliert und der Schülerakte hinzugefügt.
  *Es erscheinen die armen Sünder (Eltern/Schüler) vor dem hohen Lehrer-Gericht. Das Auditorium erwartet, dass der Delinquent mit niedergeschlagenem Blick Entschuldigungen hervorbringt und Besserung für die Zukunft verspricht.*
  *Mich hat dieses Tribunal immer abgestoßen. Kleine Gelegenheitsabweichler werden dabei vorgeführt, echte harte Kerle belügen die Runde – was ihre Reue betrifft – meist ohnehin. Dennoch empfehlen manche Kollegen diesen „Schuss vor den Bug", um Konsequenz und Ernsthaftigkeit der Disziplinarmaßnahme zu unterstreichen. Andererseits: Wirkliche Übeltäter im Randbereich zum Kriminellen müssen mit der nötigen Konsequenz rechnen. Es gilt aber, zu bedenken, dass ein Ausschluss vom Unterricht bei vielen zu den Vorstellungen eines angenehmen Tages passt.*

Eine Überlegung wert ist folgender Aspekt: Bei einer Klassenkonferenz rutscht nicht nur der Delinquent in den Fokus des Interesses – auch das Verhalten der beteiligten Lehrer wird thematisiert. Das kann manche Lehrkräfte durchaus in die Klemme bringen:

- Wurden alle Vorfälle über einen längeren Zeitraum wirklich minutiös dokumentiert?
- Wie werden der Unterricht und das Verhalten der beteiligten Lehrer beschrieben?
- Sind alle graduellen Möglichkeiten der Disziplinierung im Vorfeld ausgeschöpft worden?
- Sind die Eltern und die Abteilungsleitung bzw. Schulleitung ausreichend und rechtzeitig über die Entwicklung informiert worden?
- Wurden Angebote gemacht, die eine Verbesserung des Schülerverhaltens möglich machten?

## Was Lehrer dürfen – und was nicht?[11]

Die kurze Aufzählung sollte dem Klassenlehrer Themen in Erinnerung rufen, deren Behandlung er mit den Regelungen der Erlasse und seiner Schule abgleichen muss. Lehrern ist es erlaubt,

- schriftliche Ermahnungen und Verweise auszusprechen,
- Strafarbeiten aufzugeben (Nur um Lernstoff nachzuholen!),
- nach Benachrichtigung der Eltern nachsitzen zu lassen,
- vorübergehend Handys einzuziehen,
- beschädigtes oder beschmutztes Eigentum der Schule in Ordnung bringen zu lassen und
- bei schwereren Delikten das Jugendamt und die Polizei einzuschalten.

Lehrern ist es nicht erlaubt,

- Schüler zu schlagen (Ohrfeigen, Kopfnüsse, schütteln usw.),
- Strafzahlungen in die Klassenkasse zu fordern (wegen Kraftausdrücken oder mit dem Stuhl kippeln usw.),
- Schüler herabzuwürdigen (in die Ecke stellen, Kniebeugen machen usw.),
- als Strafarbeit häufig den gleichen Satz abschreiben zu lassen und
- Kollektivstrafen gegen die gesamte Klasse zu verhängen.

[1] Vgl. Meyer, Hilbert: Was ist guter Unterricht? Cornelsen Scriptor: Berlin 2004, 2. Auflage

[2] Dix, Paul: Erfolgreiches Classroom-Management, Teachers Guide, Übersetzerin: Lisa Hucke, Friedrich Verlag: Seelze, 2011, S. 124

[3] Hillenbrand, Clemens; Pütz, Kathrin: KlasseKinderSpiel (Adaption aus dem amerikanischen „Good Behaviour Game" von Barish, Saunders und Wolf 1969), aus der Dokumentation: Bartsch, Stefanie: Auf die Lehrkräfte kommt es an! 31. Pädagogische Woche der Universität Oldenburg. Wertschätzender und klarer Umgang bei herausforderndem Verhalten von SchülerInnen im Unterricht und anderswo, Osnabrück 2014, *www.zfsl-dortmund.nrw.de/Lehrerausbildung_auf_dem_Weg_zur_inklusiven_Schule/Handreichungen/Uni_Oldenburg_Handout_wertschaetzender_Umgang_mit_SuS.pdf*, S. 13

[4] Bründel, Heidrun; Simon, Erika: Die Trainingsraummethode. Unterrichtsstörungen – klare Regeln, klare Konsequenzen. Beltz Verlag: Weinheim und Basel 2013, S. 9

[5] Vgl. Torpak, Ahmet: Jungen und Gewalt: Die Anwendung der Konfrontativen Pädagogik mit türkischstämmigen Jungen, Berlin: Springer Verlag, 2015

[6] Kindler, Wolfgang: Mit Schülerkonflikten richtig umgehen. Tipps für Lehrer in kritischen Situationen. Verlag an der Ruhr: Mülheim an der Ruhr 2010, S. 56

[7] Vgl. Bundeszentrale für gesundheitliche Aufklärung: Achtsamkeit und Anerkennung – Materialien zur Förderung des Sozialverhaltens in den Klassen 5–9, Köln 2006

[8] Interessante Hinweise bei: Jefferys-Duden, Karin: Das Streitschlichter-Programm: Mediatorenausbildung für Schülerinnen und Schüler der Klassen 3 bis 6. Beltz Verlag: Weinheim 2008

[9] Vgl. § 53 SchulG NRW, Düsseldorf 2016

[10] Vgl. ebd.

[11] Vgl. u. a.: Gieritz, Volker: Was dürfen Lehrer? In: „Focus online", 04.06.2012, *www.focus.de/familie/rechte/was-duerfen-lehrer-unterricht_id_2030293.html*

# 9

# Kooperation mit anderen

# Schulinterne Netzwerke

Der Klassenlehrer ist – wie bereits an vielen Beispielen deutlich wurde – für die pädagogisch optimale Betreuung seiner Klasse verantwortlich; vielleicht ähnlich einem Gruppen- oder Teamleiter in einer Unternehmungshierarchie. Da ist es naheliegend, dass seine Arbeit einfacher ist, wenn er besser mit anderen Personen innerhalb und außerhalb des „Unternehmens" vernetzt ist. In der Schule sind das die Fachlehrer, die Abteilungs- und Schulleiter, Fachkonferenzvorsitzende, Sozialpädagogen, aber auch Hausmeister und Hallenwarte. Außerhalb der Schule sind Kontakte zu Institutionen, Firmen und Vereinen sinnvoll *(siehe dazu auch „Außerschulische Partner" auf S. 134)*. Gute Kontakte und leichter Zugang zu ihnen ermöglichen in vielen Fällen eine bessere Interessenvertretung der Klasse und ggf. einzelner Schüler.

## Absprache hinsichtlich der Arbeitsweisen

In vielen Veröffentlichungen werden das förderliche „Lern-Arrangement" und die „positive Beziehungsebene" als wichtige Voraussetzungen für eine gute Klassenführung betont. So richtig diese Annahme auch ist: Der Klassenlehrer allein kann nicht ausreichend dazu beitragen. Wenn er nicht eine der bevorzugten Lehrpersonen ist, die viele (vielleicht auch fachfremde) Stunden in der eigenen Klasse zugewiesen bekommt, dann kann ein noch so gutes und modernes arbeitsmethodisches Konzept nicht richtig aufgehen.

Im Alleingang ist alles viel schwieriger, wenn nicht ähnlich eingestellte Kollegen mitziehen. Aus diesem Grund wäre es geschickt – soweit es die Organisation der Schule erlaubt – Fachlehrer anzusprechen, von denen man weiß, dass sie auf gleicher Wellenlänge ticken. Wenn diese ebenfalls eine Zusammenarbeit befürworten, sollte man den Schulleitungspersonen, die für die Unterrichtsverteilung zuständig sind, entsprechende Vorschläge für einen gemeinsamen Einsatz in der Klasse machen.

## Informationen austauschen

Wichtige Informationen über die Schüler der Klasse sollte der Klassenlehrer an die Kollegen weitergeben (besondere Auffälligkeiten, Krankheiten, Behinderungen, schwierige häusliche Verhältnisse etc.)

**Fallbeispiel: Johns Mutter beeinträchtigt den Sohn**

In einer meiner Klassen gab es einen Schüler, der von seiner alleinerziehenden Mutter im Heim abgegeben wurde, weil sie sich mit der Erziehung überfordert fühlte. Dort wurde er gut betreut, aber die wankelmütige Mutter holte ihn immer wieder nach Hause, um ihn bei der Betreuung jüngerer Geschwister einzusetzen. Keiner der Kollegen hatte bis dahin davon erfahren, sich aber stets über die schwankenden Leistungen des Jungen gewundert.

Wie schon in einem der vorangegangenen Kapitel erwähnt, sollte in größeren Abständen (z. B. vierteljährlich) bei den Kollegen eine Rückmeldung über einzelne Schüler eingeholt werden. Neben den Halbjahresnoten tut sich hier eine Informationsquelle auf, die vielleicht rechtzeitiges Gegensteuern bei Leistungseinbrüchen ermöglicht. Sind die Zeugnisse erst einmal geschrieben, liegt das Kind im Brunnen.
Ein nützlicher Austausch bezieht sich auch auf die **Arbeitsweisen**, die in den verschiedenen Fächern Usus sind. Auf diese Weise träfen die Schüler zunehmend auf eine einheitlichere Gestaltung des Schulalltags. Diese betrifft u. a. die Heft- und Mappenführung sowie deren Bewertung, die Art der Hausaufgaben und deren Überwachung, den Umgang mit Störungen oder Unterrichtsverfahren, wie Gruppenarbeiten, Stationenlernen, kooperatives Lernen, gemeinsame Standards, Tests.

## Auf das Image der Klasse achten

Klassen wird – zu Recht oder zu Unrecht – ein bestimmtes Image zugeordnet. Dieses entsteht aus individuellen Einschätzungen der unterrichtenden Fachlehrer und dem „Flurfunk" im Lehrerzimmer. Selten ist das einigermaßen objektiv. Als „immer zu langsam", „chaotisch" oder „schwieriger als die 8.2" abgestempelt zu werden, hat mit Sicherheit noch keine Klasse leistungsbereiter gemacht. „Klassenlehrer(innen) sollten sich in ihrem Kollegium gegen Pauschalurteile wehren, für eine ausgewogene Sicht der eigenen Klasse werben und dazu einladen, eine differenzierte Einschätzung vorzunehmen, die der in jeder Klasse vorzufindenden Heterogenität gerecht wird."[1]

# Arbeit im Team

Im Team zu arbeiten, ist am effektivsten und was bei den Schülern das kooperative Lernen ist, ist bei Lehrern die vernetzte Arbeit im Team.

**Fallbeispiel: Lehrer reden über ihre Schüler**

In meiner sechszügigen Gesamtschule sind jeweils drei jahrgangsgleiche Klassen und die meisten der sie unterrichtenden Lehrer (im Schnitt acht bis zehn) zu einem Team zusammengefasst.

Die Lehrer haben einen gemeinsamen Besprechungsraum, wo sie zu Teamsitzungen, aber auch in Pausen aufeinandertreffen. Dabei ergeben sich (außer einem entspannenden Tässchen Kaffee oder Tee) viele informelle Gelegenheiten, über Klassen und einzelne Schüler zu sprechen.

**Beispiel 1:** Die Englischlehrerin: „Karola war ja heute gar nicht ansprechbar. Was ist denn mit der los?" Der Klassenlehrer: „Karolas Eltern haben sich getrennt. Geh bitte nett mit ihr um."

**Beispiel 2:** Der Mathematiklehrer: „Die Klasse erzählt mir, du hättest gesagt, dass sie während der Stillarbeitsphase herumgehen dürften." Der Klassenlehrer: „Ja und nein! Das gilt immer nur für die ersten fünf Minuten, wenn Material zusammengesucht und untereinander klärende Fragen zu den Aufgaben gestellt werden dürfen. Dann muss vollständige Ruhe herrschen. Verweise sie einfach auf die Stillarbeitsordnung, die an der Wand hängt."

Unschlagbar ist der direkte Austausch aller die Klassen unterrichtenden Lehrer auf dem „kleinen Dienstweg". Wenn die eigene Schule – wie viele andere auch – keine Klassen- oder Jahrgangsteams bildet, kann der Klassenlehrer selbst nach einer teamartigen Zusammenarbeit mit willigen Kollegen suchen.
Schön wäre: **Teamteaching** statt Einzelkämpfertum, abwechselnde Vorbereitung von Unterrichtsreihen, gemeinsame Absprachen mit Fachlehrern, Förderlehrern, Schulsozialarbeitern, Schulpsychologen und dem Schulleiter usw.
*Unser Team-Witz (nicht ohne tiefere Bedeutung): „Was bedeutet die Abkürzung TEAM? – **T**oll, **E**in **A**nderer **M**acht's!"*

## Kollegen als Ratgeber

Es ist keine Schande, mit Kollegen darüber zu sprechen, dass die Klasse oder einzelne Schüler „zurzeit ziemlich von der Rolle" sind. Da die Kollegen das Umfeld gut kennen, können sie möglicherweise Tipps oder Hilfen anbieten.

Eine Reihe von Schulen haben ausgebildete Beratungslehrer. Größere Einheiten (z. B. Gesamtschulen) beschäftigen auch Sozialarbeiter oder Schulpsychologen. Sie können mithelfen, schwierige Situationen zu entschärfen, das Sozialtraining durchzuführen oder diagnostische Hilfen zu geben.
Leider fehlt uns in Deutschland die Kooperationskultur, wie sie z. B. im kanadischen Schulsystem gepflegt wird. Lehrern steht dort zur Lösung der unterschiedlichsten Probleme eine Helfergruppe des **School Boards**[2] zur Seite, die mit begleitender Beobachtung und wirksamen Hilfsvorschlägen zur Stelle sind, um einen bestimmten Prozess in der Klasse (oder in der Schule) zu begleiten. Und ganz wichtig: Anders als in Deutschland wird der Rat suchende Lehrer nicht abgewertet, sondern geschätzt und gelobt, weil er etwas Produktives zur Klärung der Situation beigetragen hat.

## Kollegen als Problem

Ein wohl besonders in Deutschland ausgebildeter Individualismus unter dem Lehrpersonal führt mitunter dazu, dass allgemeine Vorgaben des Curriculums und des Schulprogramms vernachlässigt werden können. Dann steht auf der Internetseite der Schule: „Wir fördern die Selbsttätigkeit der Schüler durch entsprechende Arbeitsmethoden", aber Kollegin Berger entscheidet, dass das in ihrem Unterricht keinen Platz habe. Ihre Meinung ist dann: „Ich bin nicht so der Gruppenarbeits-Mensch. Klare frontale Ansagen sind deutlich effektiver!"

Und es gibt sie immer wieder: die Meckerer, Quengler und Verantwortungs-Verschieber. Sie nerven den Klassenlehrer, weil „seine" Klasse mal wieder dies oder das nicht richtig gemacht hat. Mitunter sind es aber professionelle Schwächen in der Unterrichtsleitung des Beschwerdeführers, aufgrund derer es zu Problemen kommen kann (langweiliger, trockener Unterricht, unverständlicher Stoff, lieblose Darbietung, respektloser Umgang mit den Schülern usw.). Eine Reaktion auf solche Beschwerden empfiehlt sich nur, wenn bereits bekannte „Störer" auch hier den Unterricht sabotieren, sodass eine gemeinsame Reaktion aller die Klasse unterrichtenden Lehrer sinnvoll ist.
Hat man es mit einem grundsätzlich unverträglichen und unangenehmen Typus zu tun, gibt es die originelle Empfehlung: gnadenlos niederlieben! „Seien Sie einfach immer nur lieb und nett zu dem nervigen Kollegen: Er grüßt wieder nicht und macht ein muffiges Gesicht: Sie grüßen freundlich und wünschen ihm einen guten Tag. Er kritisiert Sie völlig zu Unrecht: Sie signalisieren Verständnis für seine Kritik und sagen ihm, dass Sie gerne darüber nachdenken werden. [...] Sie lassen ihn einfach nicht an sich ran und bleiben immer nett und freundlich. Lassen Sie sich einfach nicht auf seine Angriffe ein."[3]

Ein problematischer Ort für die eigene Motivation des Klassenlehrers kann auch das Lehrerzimmer werden. In den freien Zeiten trifft man hier u. U. auf erschöpfte Kollegen, die ihre Umgebung mit ihren Klagen herunterziehen. („Also, man kann es ja nicht mit ansehen: Die Schüler werden immer dreister, schlechter und fauler!"). Dieser Spruch hat allerdings eine ewig lange Tradition. Angeblich soll sich schon der Philosoph Sokrates über schlechte Manieren, Luxusstreben und auflehnendes Verhalten der Jugend aufgeregt haben. Besonders soll ihm aufgefallen sein, dass sie ihre Lehrer tyrannisiert – na, dieses Verhalten scheint sich ja über 2000 Jahre locker gehalten zu haben. Gut wäre es, solchen Situationen auszuweichen und sich Gesprächsgruppen im Kollegium zu suchen, die nicht alles durch die Defizit-Brille sehen.

Wenn Schüler oder Eltern sich über einzelne Kollegen beschweren, ist der Klassenlehrer in einem Spannungsfeld zwischen verschiedenen Loyalitäten. Es hat aber keinen Zweck, sich herauszureden. Der Klassenlehrer kann und sollte mindestens zusagen, dass er mit den betroffenen Kollegen spricht und die Einwände weitergibt.

## Außerschulische Partner

Schon lange läuft unter der Rubrik „Öffnung von Schule" der Versuch, mit Partnern außerhalb der Schule zu kooperieren. Das sind z. B. Vereine, konfessionelle Anlaufstellen, Jugendämter, Berufsberatung, Internationaler Bund für Sozialarbeit, Beratungsstellen für spezielle Fälle (Kinderschutzbund u. Ä.), Ärzte für Fragen zur Sexualkunde und Sexualhygiene, Senior-Experten, Industrie- und Handelskammern, Innungen und Handwerkskammern usw. Hier kann auch Hilfe bei der von den Schulen immer drängender verlangten Kompetenzvermittlung in Wirtschaftsfragen, Vertragsrecht und der Installierung von Schülerfirmen gesucht werden.

Führt man eine Klasse in den Jahrgangsstufen 8–10, kommt der Vorbereitung auf die Berufsfindung, Lehrstellenanbahnung und dem Kontakt zu weiterführenden (Fach-)Schulen große Bedeutung zu. Selbst wenn die eigene Schule Hilfen zur Berufsfindung vorsieht (z. B. mithilfe einer Projektwoche, während derer Stärken, Schwächen und Wünsche ermittelt werden oder die Simulation von Bewerbungsgesprächen u. Ä. durchgespielt wird), ist der Klassenlehrer immer noch derjenige, der das Schicksal der Schulabgänger beeinflussen kann, indem er Schüler berät, passende Praktika vermittelt und mit Ausbildungsfirmen in Kontakt steht.

[1] Klaffke, Thomas: Klassen führen – Klassen heilen. Beziehungen, Lernen, Classroom Management, Klett Kallmeyer: Seelze 2013, S. 175

[2] Das School Board kümmert sich als regionale Behörde um alle Schulangelegenheiten (Schulentwicklung, Personal, Lehrpläne, Haushalt, Fortbildung der Lehrer usw.).

[3] Mittelstädt, Holger und Reiner; Tewes, Ferdinand: 99 Tipps für Klassenlehrer. Praxis-Ratgeber Schule für die Sekundarstufe I, Cornelsen Scriptor: Berlin 2012, 2. Auflage, S. 128

# 10

# Gemeinsame Unternehmungen

# Der Klassenlehrer als Event-Manager

Größere und kleinere Projekte und Feste werden oft genutzt, um dem Schulalltag andere Erfahrungsmöglichkeiten hinzuzufügen, aber auch, um Schüler und Eltern zu erfreuen und dem Image der Schule einen positiven Anstrich zu geben. Für die gesamte Schulgemeinde kommen infrage:

- Großprojekte für die gesamte Schule (jahrgangsübergreifende Großthemen, z. B. „Unsere Gemeinde in Vergangenheit und Zukunft"),
- Renovierungs- und Gestaltungsaktionen,
- Beteiligung an Aktionen der Gemeinde („Säuberung des Umfeldes"),
- Sponsorenläufe,
- Rallyes,
- Sportfeste, Bundesjugendspiele u. Ä.,
- Theaterabende mit Schülerbeiträgen, Darstellendes Spiel, Musik, Akrobatik und Vortragsabende
- jahreszeitlich und traditionell begründete Veranstaltungen (z. B. Schulkarneval, Martinsumzüge, Sommerfest usw.),
- Entlass- und Begrüßungsfeiern, Tag der offenen Tür usw.

Und wer steht stets im Mittelpunkt der Organisation? Die Klassenlehrer der Schule! Denn auch wenn es Vorbereitungskomitees an der Schule gibt, das Feintuning bleibt meist in der Hand der Klassenleitungen.
*Zu diesem Themenbereich gibt es zahlreiche Veröffentlichungen, die Anregungen zu speziellen Anlässen geben. Da hier vornehmlich Klassenlehrer angesprochen werden sollen, werden nur kurz beispielhaft Aktionen erwähnt, in die sie wahrscheinlich eingebunden sein werden. Ausführlicher wird dann auf Klassenfahrten eingegangen.*

Für die einzelne Klasse sind u. a. folgende Anlässe relevant:

- Fünf-Minuten-Feier von Geburtstagen in der Klasse
- Gemeinschaftsspiele und Sportereignisse, wie Klassenmannschaften im Völkerball oder Fußball
  *Achtung: Mädchen angemessen beteiligen!*
- an Unterricht gebundene Aktionen und Feste: z. B. historische Feste mit Verkleidung („Cäsar und die Römer"/„Ritterschlag auf Burg Schreckenstein")
- jahreszeitliche Feiern (klasseninterne Weihnachtsfeiern, bei denen gewichtelt wird, Feste anderer Kulturkreise)
- Begrüßungs- und Abschlussfeiern für neue Schüler und das 10. Schuljahr

*Für alle Events gilt: Wer Verantwortung teilt, kann leichter den Überblick behalten. Der Klassenlehrer sollte, soweit wie möglich, delegieren und sich Mitstreiter bei Eltern, Kollegen und Schülern suchen. Es gibt am Ende immer noch genug zu tun, die Aktivitäten zu koordinieren, einzuspringen, wenn es mal irgendwo hapert und Lücken entstanden sind, sowie Ansprechpartner für vielerlei Details zu sein.*

# Projekte und Praktika

Schwachstellen in der intellektuellen und lebenspraktischen Ausbildung junger Menschen finden sich in fast allen Schulen, z. B. eine enge Fächerbegrenzung und zu wenig fächerverbindendes Lernen, die Einengung auf 45-Minuten- oder Doppelstunden-Einheiten, der Vorrang intellektuell orientierter Lernprozesse, die Häufung der lehrerzentrierten Unterweisung und die damit einhergehende mangelnde Schülerverantwortung für den Lernprozess.

## Wozu Projekte?

Das Lernen in Projekten soll diese Einschränkungen wenigstens partiell ausgleichen, indem Schüler thematische Schwerpunkte, Arbeitsweisen und Methoden, soziale Organisation (Gruppe) und ggf. eine bestimmte Rolle in der Arbeitsgruppe selbst wählen. Damit tauchen plötzlich Schwierigkeiten und Chancen auf, die der vom Lehrer bis in Details vorbereitete und durchgeführte Unterricht nicht auslösen kann. Ganz unterschiedliche Kompetenzen werden abgerufen und geschult.

### Fallbeispiel: Kochprojekt

Um den Zusammenhalt in der Klasse (hier: der Tischgruppen) zu fördern und lebenspraktische Situationen auszuprobieren, wurde ein Koch- und Speiseprojekt durchgeführt. Der Klassenlehrer nahm an jeder zeitlich nacheinander durchgeführten Aktion teil.

Der Auftrag lautete:

1. Plant ein dreigängiges Menü und stellt einen Einkaufsplan mit Kosten-Kalkulation auf.
2. Sammelt das Geld ein und geht einkaufen.
3. Organisiert das Kochen, das Servieren, die Tischdekoration und eine Menükarte. (Alle sind Koch und Gast, die Gruppe muss das selbstständig austarieren.)
4. Erscheint angemessen gekleidet, kocht, serviert und nehmt das Essen ein.
5. Rechnet am Folgetag ab und beurteilt den Verlauf des Projekts.

Um es kurz zu machen: Neben den aufregenden Diskussionen („Woher bekomme ich eine Krawatte? Mein Vater hat auch keine …“, „Auf welche Seite legt man eigentlich das Messer?“), der interessanten Rollenverteilung, der rührigen Teilnahme und der Begeisterung der Schüler gab es ziemliche Überraschungen für den Klassenlehrer: Schüler, die er als kompetent eingeschätzt hatte, gerieten in der Teamsituation an den Rand des Geschehens.

Der als schwierig und unmotiviert verrufene Sven entwickelte sich zum Taktgeber und Dirigenten der Veranstaltung. Ungewohnt feinfühlig regte er die Verteilung der Aufgaben an, half uneigennützig nach Kräften und bekam dafür eventuell erstmalig auch Anerkennung und Beifall „seiner" Leute – und selbstverständlich auch von seinem Klassenlehrer.

## Projektlernen organisieren

Fächerverbindende Vorhaben könnten den schulischen Unterricht leicht abrunden und ergänzen, Projektarbeit die Schüler aktiv einbinden. Der Klassenlehrer muss dazu nur wissen, was in den anderen Fächern, die nicht die eigenen sind, so vorgeht: Bespricht er als Deutschlehrer gerade lyrische Texte aus der Romantik und weiß nicht, dass der Kunstlehrer zur selben Zeit Bilder von Caspar David Friedrich analysiert? Taucht der Nationalsozialismus im Unterricht auf, aber außer dem Zugriff aufs Schulbuch denkt niemand daran, dass Zeitzeugen befragt und Kriegsgräber auf dem Friedhof erkundet werden könnten?

Häufig fürchten Lehrer den Aufwand (und manchmal auch den Leerlauf), der bei Großprojekten der Schule auftreten kann. Leicht wird dabei vergessen, dass es wesentlich leichter und organischer ist, Aspekte und Teilfragen des lehrplanmäßigen Unterrichts als Mini-Projekte durchzuführen.
Hierbei kann der eigentlich konstitutive Prozess der Interessenbildung und Themenfindung entfallen oder entscheidend verkürzt werden – das Thema gibt der Unterricht vor, die Gruppen sind schneller gefunden und können gleich loslegen! Was auch funktioniert: Die Gruppe zieht aus verdeckten Teilaufgaben ein „Los" und beginnt.

Download 7 **Alltagskompetenz und Kopfnoten** | Bewertung von Kurzprojekten

### Bewertung von Kurzprojekten

Kurzprojekt: ______________________

erarbeitet von: ____________________

**Inhalt**

Neues erforscht: ...

DOWNLOAD

*Download 7: Bewertung von Kurzprojekten*

Wenn echtes Interesse aufkommt, geht die Beschäftigung mit dem Thema der Gruppe auch außerhalb der Unterrichtszeit weiter. Hier kann Erarbeiten und Lernen ganz anders verlaufen als auf Stühlen sitzend in der Schule.
Der Klassenlehrer erkundigt sich kurz nach Beginn und zu Ende des Mini-Projektes nach Formen der Zusammenarbeit, Methodenverwendung und auftretenden Schwierigkeiten. Seine beratende Stimme soll aber nicht die Entscheidungen der Gruppe dominieren. Deren Erfahrungen – auch des möglichen partiellen Scheiterns – sind wichtige Bausteine zur Entwicklung von Kompetenzen zur Durchführung von Projekten. Das Ergebnis der Gruppe lässt sich wie ein Test bzw. eine Klassenarbeit bewerten.
Sind die Schüler mit der Arbeitsform vertraut, können sie mit Unterstützung des Klassenlehrers auch in anderen Unterrichten nachfragen, ob es Aufgaben gibt, die in Projektarbeit – oder einer anderen Form selbstständiger Arbeit – bearbeitet werden können.

**Fallbeispiel: Blamierte Schüler? Nein: blamierte Lehrer!**

Schüler der Oberstufe haben kursübergreifend an Projekten gearbeitet.
Der Tag der Vorstellung der Ergebnisse ist gekommen. Die verantwortlichen Lehrer sitzen im Halbkreis, um die Resultate der von ihnen betreuten Gruppe zu beurteilen. Eine Reihe von Pannen geschehen den verschiedenen Gruppen hintereinander:

- Das Ergebnis-Plakat fällt herunter, weil die schwachen Klebefilmstreifen nicht gehalten haben.
- Für die Videovorführung fehlt eine Verlängerungsschnur.
- Eine Gruppe kommt mit den Zuständigkeiten durcheinander.
- Ein vortragender Schüler spricht bis zur Unverständlichkeit „nuschelig" und leise.

Die Kollegen grinsen über die Missgeschicke: Na ja, wenn die Schüler mal was regeln sollen. In der Nachbesprechung unter Kollegen wendet sich das Blatt. Kritik an den Tutoren kommt auf: Wieso waren die Zuständigkeiten so unklar? Wieso wurden die Präsentationstechniken nicht geübt? usw.
Es zeigt sich deutlich, dass die Betreuung der Arbeitsgruppen noch nicht optimal war. Die Kollegen gingen in sich und versprachen Abhilfe bei künftigen Projekten.

# Berufsvorbereitung und Praktika

Mehr noch als bei der Projektarbeit trägt der Klassenlehrer Verantwortung für den wichtigen finalen Erfolg des Bildungsweges seiner Schüler. Der Sinn der schulischen Ausbildung zielt ja auf den erfolgreichen Übergang in Beruf und Studium.

Keiner sollte die einzelnen Schüler so gut kennen wie ihr Klassenlehrer. Er weiß um die Stärken und Schwächen seiner Leute und hat möglicherweise aus Gesprächen schon eine Ahnung entwickelt, für welchen Beruf Max oder Mara geeignet sein könnten. Deshalb ist er in erster Linie gefragt, wenn es um die Beratung der Schüler bei der Berufsfindung geht.

*Zu Berufsorientierung und Praktika haben viele Schulen eigene Programme entwickelt. Teilweise werden diese Themen auch in die Fächer Wirtschafts- und Arbeitslehre integriert. Zudem bieten die Arbeitsagenturen zahlreiche Hilfen an. Aus diesem Grund sollen hier nur einige Themenfelder erinnert werden – ohne sie umfänglich auszuführen.*

## Berufsorientierung

Bewährt haben sich folgende Elemente, über die sich der Klassenlehrer informieren und auf deren Durchführung er sich einstellen sollte:

- Projekttage „Meine Interessen und Stärken"
- Girls' Day/Boys' Day (Zukunftstag: Einblick in Berufsfelder, die in den meisten Fällen nicht die erste geschlechtstypische Wahl sind)
- berufsorientierende Unterrichtseinheiten oder Schülerreferate „Mein Traumberuf"
- Betriebsbesichtigungen
- Expertenberichte verschiedener Berufsgruppen vor der Klasse
- Vorbereitung und Durchführung von Praktika
  *Achtung: Man sollte von Praktika abraten, die mal eben beim Onkel oder im nächstliegenden Einzelhandel absolviert werden. Genehmigen Sie nur solche selbst gewählte Praktika, die auch für die einzelnen Schüler Sinn machen!*
- Kontakt zur Berufsberatung aufnehmen und Sprechstunden organisieren
- Besuch mit der Klasse im Berufsinformationszentrum (BIZ), wo es
  - computergestützte Berufsempfehlungen und
  - Mappen mit Berufsprofilen und Anforderungen zu jedem (!) Beruf gibt.
- Hospitationen in weiterführenden Schulen

## Information über weiterführende Schulen

Einer der Vorteile des ansonsten regional unterschiedlichen Schulsystems ist die Durchlässigkeit der Bildungswege. Schüler – auch manche Lehrer – blicken bei der Vielfalt allerdings oft nicht durch.

- Für weitere **schulische Qualifikation** kommen infrage:
  - Oberstufen an Gesamtschulen und Gymnasien
  - Kollegschulen
  - Berufsfachschulen
- Für Vor- oder Nachqualifikation im **beruflichen Bereich** stehen zur Verfügung:
  - Berufsvorbereitungs- bzw. Berufsorientierungsjahr
  - Berufsgrundschuljahr
  - (teilqualifizierende) Berufsfachschulen
  - „Zweiter Bildungsweg" an Abendschulen

## Anbahnung von Ausbildungsverhältnissen

In den meisten Curricula sind formale Kompetenzen ausgewiesen, die zum Formulieren von Bewerbungsschreiben und Lebensläufen befähigen sollen. Für den Klassenlehrer sind darüber hinaus zwei Möglichkeiten der Vorbereitung seiner Schüler angeraten:

1. das Auftreten in Bewerbungssituationen schulen (Rollenspiele: Wie telefoniere ich erfolgreich mit einem Ausbildungsbetrieb? Wie kleide ich mich zum Vorstellungsgespräch? Auf welche Fragen muss ich mich einstellen? usw.)[1]
2. sich für einen Ausbildungsplatz suchende Schüler einsetzen (Beratungsgespräche unabhängig von der Berufsberatung; Kontakte zu Ausbildungsbetrieben nutzen, um Schüler zu empfehlen usw.)

### Fallbeispiel: Jerry findet einen Ausbildungsplatz

Als Schüler war Jerry meist still und unbeteiligt, seine Leistungen in den sprachlichen Fächern ausgesprochen schlecht und in den anderen unteres Mittelmaß. Es war deutlich, dass er mit seinem Abschlusszeugnis nicht überzeugen würde. Sein Praktikum machte er in einem Installationsbetrieb.

Beim üblichen Praktikumsbesuch des Klassenlehrers kam es zu einem Gespräch mit dem Inhaber. Wie sich der Schüler so mache, war die Frage. Der Chef war angetan: Der Junge rede zwar nicht viel, aber der Betriebshof sei so aufgeräumt wie noch nie und handwerklich sei Jerry sehr anstellig. Der Klassenlehrer machte aus den schwachen schulischen Leistungen kein Geheimnis. Die Kernaussage war: „Wenn Sie einen guten Mitarbeiter brauchen, Jerry könnte das sein! Sie müssten ihm nur Helfer für die Berufsschule zur Seite stellen."

Fazit: Jerry bekam den Job ohne weitere Bewerbung. Heute ist er Vorarbeiter in der Firma.

Ausführliches Material hierzu findet sich in dem Buch „Richtig beginnen in Ausbildung und Praktikum. Vom ersten Eindruck bis zur Lösung von Konflikten" von Peter Brokemper. *(Siehe Literaturtipps auf S. 196)*

# Unterrichtsgänge und Wanderungen

Nicht nur der Lehrplan, auch die Bedürfnisse nach Abwechslung im Schulalltag können gemeinsame Unternehmungen bestimmen:

- Unternehmungen als Goodies einsetzen: Gutes Klassenklima und gute Arbeitshaltung verdienen Belohnungen. Dann sollten Sie aber auch innovative und ungewöhnliche Aktionen ins Auge fassen, z. B. indem ein „Kurzurlaub" in der Gemeinde/der Stadt geplant wird oder die „Klassen-Olympiade" auf der Wiese stattfindet.
- Frühjahrs- oder Herbstwanderung mit Bio-Experten oder mit Nutzung entsprechender Apps (Vogelführer-App des Naturschutzbundes [NABU], App „Die Waldfibel" vom BMEL [Bundesministerium für Ernährung und Landwirtschaft])
- Exkursionen: Erkundet werden kann alles, was unterrichtlich interessant ist oder dem Wissensbedürfnis der Schüler nahekommt, wie der Stadtrat, das Parlament, Medienhäuser, Verkehrsbetriebe, städtische Dienste (z. B. städtische Ver- und Entsorgungsbetriebe), Bauernhöfe, historische Relikte in der Stadt oder der Umgebung, Altenheime, der Friedhof, Vereine usw.
- Stadtrallye mit Aufgaben
- Betriebsbesichtigungen, Kino-, Museums- und Theaterbesuch mit der Klasse sind ebenfalls unterrichtsnahe Unternehmungen.

Solche Unterrichtsgänge wollen gut geplant und abgesichert sein. Daher ist es wichtig, Folgendes im Blick zu haben:

- Zunächst ist die Erlasslage für Schulwanderungen und Klassenfahrten bezüglich des eigenen Vorhabens zu prüfen (s. u.).
- Es müssen Genehmigungen durch die Abteilungs- oder Schulleitung eingeholt werden, das ist je nach Schule etwas anders organisiert.
- Wichtig ist es, die Schüler in die Planung mit einzubeziehen.
- Bei minderjährigen Schülern ist das Einverständnis der Eltern einzuholen.
- Der Ausgangs- und Endpunkt muss aus versicherungsrechtlichen Gründen immer das Schulgelände sein. Schüler, die auf dem Heimweg früher aussteigen wollen, benötigen eine Genehmigung ihrer Eltern.
- Eine weitere Begleitperson ist nützlich; Fachkollegen, auch willige Eltern, sind willkommen.

- Die Organisation von Sport- und Schwimmveranstaltungen liegt zumeist in der Hand der Sportlehrer. Besonders Schwimm- und Badevergnügen sind nicht ohne Absicherung durch die Anwesenheit von Personal mit Rettungsschein durchführbar.

**Fallbeispiel: Listiger Trick**

Klassenlehrer Becker hat es mit einer Schulleitung zu tun, die nur schwer einsehen kann, dass Klassen auch einmal außerunterrichtliche „Erholungszeiten" als Belohnung für gute Lern- und Verhaltensleistungen brauchen. Weil er um die Widerstände weiß, greift Becker pfiffig zu „Trick 17" und meldet ein Kurz-Projekt an: „Wir üben fahren im ÖPNV" oder „Das Biotop Mischwald erkunden" usw. Findet er nur einen entfernten Lehrplan- oder Kompetenzbezug, kann sein Vorhaben nicht abgelehnt werden!

Auch das Außer-Haus-Verhalten von Schülergruppen muss trainiert werden. Randalierende Gruppen sind nicht das Erziehungsziel!
*Unterrichtsgänge geben übrigens auch gute Hinweise auf Verhaltensweisen von Schülern bei künftigen Klassenfahrten.*

**Fallbeispiel: Die Stille in der Eisdiele**

Mit meiner Klasse hatte ich vereinbart, dass ein Probelauf für künftige gemeinsame Aktivitäten stattfinden sollte. Ein Besuch in einer nahen Eisdiele sollte Hinweise liefern, ob es künftig weitere Unternehmungen im Klassenverband geben könnte.

Die Testaufgabe lautete: „Wir betreten das Lokal leise und geordnet hintereinander, nehmen die Plätze ohne Schubsen, Schreien und Gerangel ein. Es bleibt bei ruhiger Unterhaltung so leise, dass man annehmen kann, es säßen nur die üblichen Gäste dort. Das spätere Verlassen des Raumes und das ruhige Versammeln vor der Tür gehören dazu."

Die Schüler wussten, dass von ihrer bewussten Zurückhaltung weitere Ausflüge abhingen. Sie erfüllten die Bedingungen. Der Chef des Lokals konnte die Welt nicht verstehen – er hatte noch nie eine so gesittete Klasse gesehen. Quod erat demonstrandum!

# Klassenfahrten/Klassenreisen

Klassenfahrten sollten idealtypisch nicht einfach „Urlaub von der Schule" sein, sondern einen pädagogischen Sinn haben (Stärkung der Klassengemeinschaft durch gemeinsame Erlebnisse, Durchführung von Exkursionen zu historischen Stätten, Bio-Projekte usw.).

## Tipps zur Planung und Genehmigung

Um eine Klassenfahrt effektiv und gewinnbringend planen und durchführen zu können, bedarf es einiger allgemeiner Vorüberlegungen:

- Wie wurden an der Schule die Klassenfahrten bislang durchgeführt?
- Es ist sinnvoll, frühzeitig in die Planung des Ziels und somit der Unterkunft und des Transportmittels für die Hin- und Rückreise einzusteigen. *Kapazitäten in attraktiven Objekten sind schnell weg. Es gibt Schulen, die buchen für ihre Klassen schon Jahre im Voraus (aufgrund der Belegzeiten in Jugendherbergen, Schullandheimen o. Ä.). Meist kann man aber mit etwas Terminflexibilität die passende Lücke finden. Auch Busunternehmen planen langfristig. Und bei der Bahn kann man tolle Rabatte mitnehmen, wenn man sich weit im Voraus festlegt.*
- Das Projekt gewinnt auch, wenn Eltern und Schüler frühzeitig informiert sind: Die einen können sich auf die finanziellen Aufwendungen einstellen, die anderen mit Vorfreude in die Planung einsteigen.
- Gibt es feste Termine, zu denen gefahren bzw. nicht gefahren werden kann?
- Welche Begleitpersonen können einkalkuliert werden?
- Kann die Fahrt möglicherweise zusammen mit einer Parallelklasse durchgeführt werden? Das würde die Kosten- und Betreuungssituation auf mehrere Schultern verteilen und ein differenzierteres Programm ermöglichen.

Auch wer nicht gern Richtlinien-Texte liest, ist dennoch gut beraten, den **Erlass** seines Bundeslandes zu lesen, der die Schulfahrten betrifft. Darin finden sich wichtige Grundsätze, z. B., dass keine private Anreise erlaubt ist, dass in der Sekundarstufe mindestens Mann und Frau zur Betreuung der unterschiedlichen Geschlechter mitreisen müssen, dass Vertragsabschlüsse mit Beförderungs- und Beherbergungsunternehmen nur im Namen der Schule, nicht im Namen des einzelnen Klassenlehrers erfolgen dürfen u. v. m.

Die Zuständigkeit der Schulkonferenz beschränkt sich bei Klassenfahrten auf die Festlegung des jährlichen Fahrtenprogramms, durch das die Anzahl, Dauer sowie die Kostenobergrenze der Schulfahrten bestimmt werden. So ist es z. B. im NRW-Erlass geregelt.[2]

Wichtige Fragen bei der **Suche nach einem geeigneten Ziel** für eine Klassenfahrt sind:

- Was ist der Wunsch der Klasse?
- Gibt es erprobte Ziele, die Kollegen schon einmal angesteuert haben?
- Wie sieht es mit den Möglichkeiten der Unterbringung aus?
- Gibt es vor Ort ausreichend Freizeitmöglichkeiten?
- Sind interessante Ziele in der näheren Umgebung zu finden?
- Wie weit ist das Ziel der Fahrt entfernt bzw. welche Kosten müssen für Bus oder Bahn einkalkuliert werden?
- Gibt es eine anständige Ausstattung (Einzelzimmer für den Leiter und die Begleitpersonen; Gruppenräume für Zusammenkünfte)?
- Sind fremde Jugendgruppen anwesend?
- Ist der Klassenlehrer allein für die **Planung** einer Klassenfahrt verantwortlich oder sind Kollegen mit an Bord? Wie sieht es mit der Beteiligung von Schülern und Eltern aus?

Ganz gleich, wie die Verantwortlichkeiten verteilt sind, bewährt haben sich folgende Planungsschritte:

**12 Monate vorher:**

- das Projekt ankündigen und mit der Klasse Art und Ziel der Klassenfahrt planen/erarbeiten
- die Eltern vorinformieren *(siehe dazu Download 8 „Ankündigung und Anmeldung zur Klassenfahrt")*
- die Finanzierung klären *(siehe dazu „Tipps zur Finanzierung" auf S. 148)*
- die Voraussetzungen aufseiten der Schule (Teamreise, Begleitung) klären
- die Fahrt bei der Schulleitung beantragen
- die Buchungen vornehmen (Unterkunft, Transportmittel)

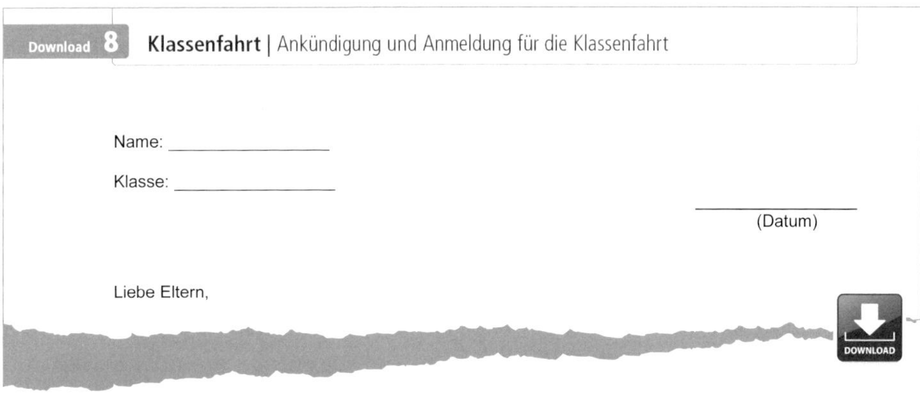
Download 8 **Klassenfahrt** | Ankündigung und Anmeldung für die Klassenfahrt

Name: ______________

Klasse: ______________

______________ (Datum)

Liebe Eltern,



*Download 8: Ankündigung und Anmeldung zur Klassenfahrt*

**6 Monate vorher:**

- die Vor-Ort-Projekte planen: alles über „Ort und Umgebung unserer Klassenfahrt" sammeln, ggf. Schüler-Referate, die vor Ort gehalten werden sollen, verteilen, Elterninformationsabend abhalten: Details klären, Papiere aushändigen *(siehe dazu Download 9 „Letzte Vorbereitungen für die Klassenfahrt")*

**3 Monate vorher:**

- die Restgelder einfordern *(siehe dazu Download 10 „Mahnung zur Einforderung der Restzahlung")*
- die Detail-Vorbereitungen in der Klasse besprechen

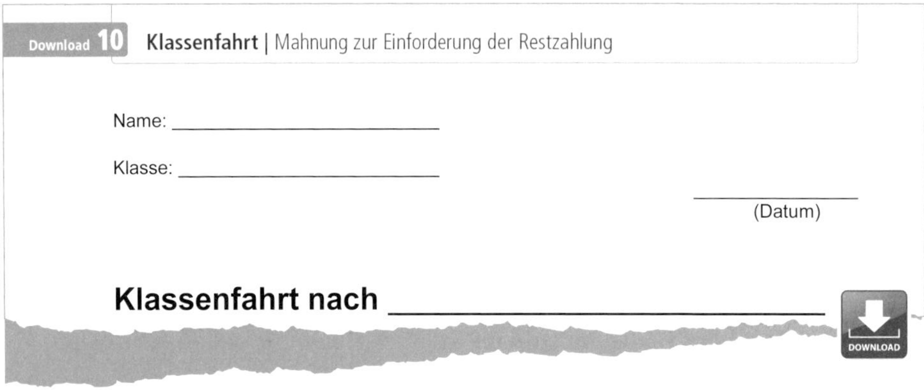

Download 10 **Klassenfahrt** | Mahnung zur Einforderung der Restzahlung

Name: ______________________

Klasse: ______________________

______________
(Datum)

**Klassenfahrt nach ______________________**

*Download 10: Mahnung zur Einforderung der Restzahlung*

**einige Wochen vorher:**

- die Zahlungseingänge prüfen und ggf. Mahnungen aussprechen
- Listen aktualisieren
- die Packliste verteilen und mit der Klasse besprechen *(siehe dazu Downloads 16 „Packliste für Lehrer" und 17 „Packliste für Schüler")*
- die Zimmerbelegung festlegen *(siehe Download 13 „Zimmerbelegung und Verantwortlichkeiten während der Klassenfahrt")*
- Absprache über das Verhalten am Zielort einschärfen
- Rezepte und Kochprogramm für die Selbstversorgung durchspielen und ggf. mit der Hauswirtschaftslehrkraft üben lassen *(siehe dazu Download 11 „Küchenplan für die Klassenfahrt")*

## Tipps zur Finanzierung

Durch frühzeitige Ankündigung der **Finanzierung** einer Klassenfahrt und der dadurch entstehenden **Reisekosten** wird den Familien Zeit zum Ansparen eingeräumt.

Es ist sinnvoll, auf einer Anzahlung zu bestehen! Das Ansparen bleibt nachhaltiger im Bewusstsein, wenn man z. B. quartalsmäßige Teilzahlungen auf das Klassenkonto anregt. Schüler können ebenfalls zur Füllung der Fahrtenkasse durch Schülerjobs beitragen: Autowaschen für Lehrer für einen bestimmten Betrag; Einkaufshilfen, Babysitten usw.
Wenn noch kein Klassenkonto besteht, sollte man frühzeitig ein spezielles Fahrtenkonto einrichten, denn das vereinfacht die Buchführung und vermeidet Missverständnisse jeder Art. Wenn Schüler mit Bargeld herumlaufen, welches sie dem Lehrer aushändigen sollen, ist die Sache nicht sicher genug. Das Geld darf nicht verloren gehen oder geklaut werden, es müssten Quittungen ausgestellt und Duplikate aufgehoben werden. Dies alles sind Vorgänge, bei denen es in der Hektik des Schulalltags leicht zu Fehlern kommt.

Finanzielle Probleme bei Schülern können immer auftreten, auch wenn die Schulkonferenz/das Schulforum eine Obergrenze für Dauer und finanzielle Belastung der Eltern festgelegt hat. Nicht alle Familien verfügen über ausreichend Erspartes, um sich eine Klassenfahrt leisten zu können. Informationen über mögliche Zuschüsse (z. B. vom Jobcenter) sollten organisiert und weitergegeben werden.[3]

Wo kann man Hilfen lockermachen?

1. Bildungspaket: § 28 SGB II Bildung und Teilhabe des Bundesministeriums BMAS (beim Jobcenter beantragen)
2. Ländersozialfonds, wie „dabeisein" in Niedersachsen
3. kommunale Töpfe
4. Förderverein der Schule
5. Einwerbung von Spenden/Sponsoren (z. B. örtliche Sparkasse) und Zuschüssen von karitativen Organisationen

Klassenlehrer sollten bedenken, dass es Fälle gibt, in denen Schüler und Eltern angeblich kein Interesse an der Klassenfahrt zeigen, weil sie sich schämen, dass ihre Familie nicht in der Lage ist, die nötigen Kosten aufzubringen.

**Für alle Lehrer gilt zudem:** Man sollte eine **Reisekostenerstattung** beantragen! Nicht selten werden Lehrer unter Druck gesetzt, auf die ihnen eigentlich zustehende Reisekostenerstattung zu verzichten. Es gilt aber: „Angestellte und beamtete Lehrkräfte erhalten Reisekostenerstattung für Schulwanderungen und Schulfahrten. Lehrkräfte dürfen nicht auf die Kostenerstattung verzichten [...] Reisekostenerstattung für Lehrkräfte ist die Aufgabe des Dienstherrn und kann nicht durch Drittmittel ersetzt werden. Wenn es keine ausreichenden Landesmittel dafür gibt, dann können die Fahrten nicht stattfinden."[4]
Tritt dieser Fall jedoch ein, müssen evtl. unbürokratische Wege der Finanzierung gefunden werden. Man kann sich privatrechtlich mit den Eltern einigen, dass

Fahrt- und Unterbringungskosten der Begleitung im Gesamtbudget enthalten sind – für ihre Verpflegung müssen die Begleiter selbstverständlich privat zahlen.

## Tipps zur Durchführung

### Fallbeispiel: Fahrtkosten sparen

Frau Engel fuhr mehrfach mit Schülern der 10. Klasse (Abschlussfahrt) an den Gardasee. Dort gab es oberhalb des Küstenortes Lazise eine Unterbringungsmöglichkeit für Schüler mit Schwimmbad. Der Ort selbst war leicht zu Fuß zu erreichen. Seine dörfliche Struktur erlaubte es, die älteren Schüler auch allein zu Einkauf und Freizeit dorthin gehen zu lassen.

Den Preis für den Bus konnte sie dadurch senken, dass sie auf den 2. Fahrer verzichtete. Da der Busfahrer nur eine begrenzte Fahrzeit hinter dem Steuer sitzen durfte, fuhr man zunächst vom Rheinland bis München, verbrachte dort den Tag mit Besuchen im Deutschen Museum und dem Englischen Garten. Während dieser Zeit schlief der Busfahrer im leeren Bus. Ab 22 Uhr ging die Fahrt über die Alpen mit Ankunft in Lazise gegen Morgen.

Das Sparprogramm führte dazu, dass der Bus am Ort bleiben konnte und Ausflugsfahrten in die Umgebung und nach Venedig möglich wurden.

### Fallbeispiel: Kleine Häuser in einer Ferienanlage

Herr Dietmeier verlebte mit seinen Siebtklässlern eine gute Zeit in einer Ferienanlage. Die Schüler waren in kleinen, voll eingerichteten Häusern untergebracht. Selbstverpflegung war möglich und durch eine Rezeptsammlung und die Kooperation mit der Hauswirtschaftslehrerin vorbereitet. Der Ferienpark erlaubte zahlreiche Freizeitmöglichkeiten in gesicherter Umgebung (u. a. mit einem Hallenbad und Schwimmmeister-Aufsicht).

Auch die Fragen der Verpflegung der Schüler sollten im Vorfeld geklärt werden. Kann eine Halb- oder Vollpension gebucht werden oder ist Selbstverpflegung möglich? An Folgendes sollte auch gedacht werden: Rezepte, Einkaufsmöglichkeiten vor Ort, Mitnahme von wenig verderblichen Lebensmitteln, wie Nudeln und Gewürzen, Probekochen in der Schulküche. *(Siehe dazu den Download 12 „Speiseplan für eine Woche")*

Download 11 **Klassenfahrt** | Küchenplan für die Klassenfahrt

## Küchenplan für die Klassenfahrt

*Tipp: Übt die Zubereitung zu Hause oder im Hauswirtschaftsunterricht.*

**1. Hauptgerichte**

a) Spaghetti mit unterschiedlichen Soßen (Carbonara = Sahne, Ei, Schinken; Bolognese = Hackfleisch, Zwiebeln, Tomaten)

DOWNLOAD

*Download 11: Küchenplan für die Klassenfahrt*

Download 12 **Klassenfahrt** | Speiseplan für eine Woche

## Speiseplan für eine Woche

**Vorräte für die Woche**

*Mitgebrachte Lebensmittel werden mit einem * und den Initialen versehen.*

| Tag | Gericht | Zutaten | Preis |
|---|---|---|---|
| | Frühstück | Jeder versorgt sich während der Fahrt selbst. | 0,00 € |

DOWNLOAD

*Download 12: Speiseplan für eine Woche*

Der Klassenlehrer sollte nie allein mit seiner Klasse fahren, daher ist es wichtig, passendes **Begleitpersonal** zu finden. Findet sich keine Begleitung, sollte man die Fahrt nicht antreten.

Hier tut sich häufig ein Problem auf, denn Schulleitungen wollen den Unterrichtsausfall niedrig halten bzw. selbst bestimmen, auf wen im Schulalltag gerade verzichtet werden kann, um die Klasse zu begleiten. Darauf sollte man sich nicht einlassen! Diskret ist zu vermitteln, dass es schon eine Person sein müsste, die der Klassenlehrer für passend hält und die mit der Klasse harmoniert. Man nimmt auch nicht „Herrn oder Frau Etepetete“ mit, sondern jemanden, der den möglichen 24-Stunden-Einsatz auch mit einigem Humor bewältigen kann und erwarten lässt, dass er eine echte Hilfe sein wird. Der häufige Ausweg der Schulleitung ist der Einsatz von Praktikanten, Referendaren usw. Das sollte man nur als „Zusatz“ zu einem beamteten/angestellten und erfahrenen Lehrer akzeptieren. Im Extremfall macht man einfach keine mehrtägige Fahrt, sondern unternimmt mehrere Tagesausflüge.

Mit den Kollegen ist immer in engster, verbindlicher Absprache zu klären, wer für eine gewisse Zeit verantwortlich die **Aufsicht** wahrnimmt – hier darf es keine Lücken geben! Es ist auch nicht verkehrt, wenn einer der Begleiter einen Rettungsschein für Aktivitäten am Wasser hat. Mit den Grundlagen der Ersten Hilfe sollte jeder Klassenlehrer vertraut sein. Nötigenfalls kann man das Wissen um richtiges Verhalten im Notfall auch noch einmal auffrischen.

## Programm und Regeln

Der Erfolg einer Klassenfahrt kann davon abhängen, ob sich vor Ort oder in der Umgebung interessante Möglichkeiten der Beschäftigung finden (Besichtigungen, Ausfahrten mit Leihfahrrädern, Boots- oder Pferdewagen-Touren, Rallyes, Schnitzeljagden, Schatzsuche, Sportmöglichkeiten u. v. m.). Erfahrungsgemäß nehmen die Schwierigkeiten zu, wenn die Schüler völlig unbeschäftigt herumsitzen und nichts Sinnvolles, d. h. sie wirklich Interessierendes, stattfindet.
Es ist mehr als nützlich, sich vorher Gedanken zum **Programm** zu machen und dabei auch Alternativen für schlechtes Wetter zu berücksichtigen. Folgende Programm-Vorschläge für drinnen und draußen dienen als Anregung:

- Rallye,
- Spiele-Abend, Spiele-Fundus,
- Disco im Tagesraum,
- Stegreif-Theater oder kurze Comedy-Nummern,
- Olympiade,
- Erkundungen,
- Schnitzeljagd,
- Nachtwanderung,
- Lagerfeuer mit Stockbrotbacken oder Grillen,
- Gestaltung des Abschlussabends u. Ä.

Klugerweise entwickelt man einen Ordnungsrahmen und vereinbart ihn verbindlich. **Tagesrhythmus:**

- Zeiten für das Wecken, Frühstück, Essenszeiten, Eintritt der Nachtruhe festlegen
- die Tischdienste im Speisesaal organisieren, falls die Gruppe gemeinsam isst (Herumschreien und Herumlaufen kommen nicht infrage!)
- Aufräumen der Zimmer festlegen
  *Wir haben, um das notwendige Aufräumen der Zimmer zu einem spannenden Wettbewerb zu machen, Punkte für das „beste Zimmer" verteilt und einen Preis ausgesetzt. Beim abendlichen Durchgang wurde das jeweils bewertet.*

- Freizeit-Abschnitte zur eigenen Verfügung bestimmen
  *So interessant und ansprechend manche Programmpunkte auch sein mögen, Schülern ist wichtig, dass sie täglich ausreichend Freizeit für eigene Aktivitäten bzw. für simples „Abhängen" bekommen. Ruhezeiten sind besonders wichtig nach dem Essen und vor dem Zubettgehen.*
- gemeinsamen Abschluss am Abend vorsehen: ab 22 Uhr auf den Zimmern, Licht aus und Ruhe spätestens um 23 Uhr (leise Kommunikation ist noch möglich)
  *Die begleitenden Lehrer machen abends eine entspannte Runde durch die Zimmer, um nach dem Rechten zu sehen und gemeinsam Eindrücke des Tages oder kleinere Probleme zu besprechen. Eine letzte Runde sorgt einige Zeit später für die Überprüfung der Einhaltung der Nachtruhe.*
- Abfahrtsmorgen der Rückreise planen: Bis alles gepackt ist, vergeht meist mehr Zeit als geplant (obwohl es immer Schüler gibt, die seit dem Vorabend auf dem gepackten Koffer sitzen).
- Heimkehr terminieren: Ankunft möglichst bis 16 Uhr an der Schule

Die **Gruppenbildung vor dem Start** ist ein wichtiger Punkt, der bedacht werden muss. Bevor es losgeht, sollte der Zimmerbelegungsplan für die Unterkunft feststehen. Damit erspart man sich vor Ort langwierige Diskussionen, wer mit wem und mit wem gar nicht das Zimmer teilen möchte. Daher ist es sinnvoll,

- vom Beherbergungsunternehmen einen Zimmerplan einzufordern.
- einen stabilen Gruppen-Belegungsplan für die Zimmer festzulegen. Dazu die Klasse Vorschläge erarbeiten lassen und unbedingt darauf achten, unbeliebte Schüler zu integrieren!
- die Schüler darauf einzustellen, dass sich die Lage durch Zimmerzuteilung vor Ort verändern kann. *(Siehe dazu auch Download 13 „Zimmerbelegung und Verantwortlichkeiten während der Klassenfahrt")*

Erfahrene Leiter von Klassenfahrten sind sich einig, dass vorheriges **Vereinbaren von Regeln** mit den Schülern das Verhalten auf der Fahrt stark beeinflusst. Auch wenn Regeln keine Garantie für Wohlverhalten bieten, sind sie doch eine wichtige Orientierung für alle Beteiligten.
Gegenstand der Regelung waren meistens solche Punkte, die erfahrungsgemäß zu Problemen führen könnten. Deshalb bietet es sich auch an, einen regelrechten Vertrag mit den Schülern zu schließen. Der enthält dann alle wichtigen Vereinbarungen und kann bei Meinungsverschiedenheit als objektives Medium herangezogen werden. („Du hast unterschrieben, dass um 22 Uhr jeder auf dem Zimmer zu sein hat.") *(Siehe dazu Download 14 „Hinweise und Regeln für die Klassenfahrt")*

Mit den Eltern muss vereinbart werden, was die Jugendlichen für Kleinst-Käufe oder Andenken an **Taschengeld** mitführen dürfen. Darüber sollten einigermaßen verbindliche Absprachen vorliegen.

**Fallbeispiel: „Big Spender"**

Lukas knallt am erstbesten Kiosk mit großer Geste einen 50-Euro-Schein auf die Theke, andere Mitschüler ohne – oder mit ganz kleinem – Taschengeld stehen mit langem Gesicht daneben. Der Klassenlehrer geht dazwischen: „Es waren 20 Euro abgesprochen, ich nehme den überschüssigen Betrag in Verwahrung. Den bekommst du zu Hause wieder."

Genauso wie über das Taschengeld sollte auch über die Mitnahme von **Wertgegenständen** gesprochen werden. Der Klassenlehrer hat noch einmal auf der Packliste notiert, was er schon beim Elternabend angekündigt hatte: Gegenstände von Wert bleiben zu Hause. Für den Verlust von z. B. Schmuck, Geld oder (teuren) Mobiltelefonen wird keine Verantwortung übernommen. Reklamationen brauchen unterwegs gar nicht erst vorgetragen zu werden.
(Eine mögliche Ausnahme: Frau Lemper bietet ihrer 5. (!) Klasse an, Taschengeld in Verwahrung zu nehmen und es in kleinen Tranchen – gegen Quittung – herauszugeben.)

Vor Jahren war es noch nützlich, mit den Eltern eine **Telefonkette** abzusprechen und diese ausgedruckt auszuhändigen. Damit konnten Nachrichten an alle – z. B. über die exakte Ankunft des Busses an der Schule – zeitnah, schnell und unkompliziert weitergegeben werden. Da heute kaum noch ein Kind ohne Handy unterwegs ist, kann dieser Dienst vielleicht entfallen. Zudem gibt es inzwischen zahlreiche datenschutzrechtliche Einschränkungen für solche Listen. Es sollten aber in jedem Fall gewisse **Kommunikationsabläufe** mit den Eltern vereinbart werden, denn die müssen sich darauf einstellen, dass es zu „Heimweh-Anrufen" oder „Katastrophen-Meldungen" kommen kann, die mit Vorsicht zu genießen sind. Hier sollten Sie immer den obligatorischen Rückruf mit dem Klassenlehrer vereinbaren.

**Fallbeispiel: Alarmmeldungen nach Hause**

Seitdem fast jeder Schüler ein Handy hat, gibt es ein neues Problem. Simple Kleinigkeiten bauschen sich durch aufgeregte Anrufe in der Heimat zu echten Krisenmeldungen auf, welche die Eltern zutiefst beunruhigen.

Beispiele

| Tatsache: | Botschaft nach Hause: |
|---|---|
| Zwei Mädchen haben Darmprobleme. | „Wir sind alle ganz krank!" |
| Henri hat Streit mit einem Schüler. | „Ich werde hier nur verprügelt!" |
| Anka und Sevim verstehen sich nicht mit ihren Zimmergenossinnen. | „Hier ist alles ganz schrecklich!" |
| Jonas hat sich das Knie leicht aufgeschrammt. | „Jonas ist schwer gestürzt!" |

*Um beim letzten Beispiel zu bleiben: Was mit einem kleinen Pflaster geheilt werden konnte, hatte durch Anrufe daheim den Eltern eine gefährliche Unfallsituation suggeriert. Hinzu kam noch ein „Schneeballeffekt": Kati erzählte ihrer Mutter am Telefon von Jonas' Sturz. Katis Mutter traf einen anderen Elternteil und gab die Nachricht weiter: „Es hat einen Unfall mit Jonas gegeben!" Die Reaktion darauf war: „Oh Gott, schnell Jonas' Eltern benachrichtigen!" Das wiederum löste ganz unnötig Panik bei Jonas' Eltern aus …*

Auch für den sicheren **Heimweg** nach der Klassenfahrt ist Sorge zu tragen. Für Schüler, die allein – z. B. mit den öffentlichen Verkehrsmitteln – nach Hause fahren dürfen, müssen schriftliche Bestätigungen eingeholt werden. Außerdem ist es immer hilfreich, Vorüberlegungen anzustellen, welche Mitfahrmöglichkeiten es für nicht abgeholte Schüler gibt.

Es gibt erfahrungsgemäß oft **unangemessenes Verhalten**: Alkoholmissbrauch, Sachbeschädigung, unerlaubtes Entfernen und abendliches Wegbleiben, Streit mit Prügelei u. Ä. Dafür sollte es entsprechende **Sanktionen** geben, auch wenn gilt: niemals im ersten Ärger Strafen verhängen! Man erklärt, dass das Verhalten nicht in Ordnung ist bzw. mit den unterschriebenen Vereinbarungen zur Klassenfahrt nicht übereinstimmt. Der Klassenlehrer und seine Begleitung lassen sich Zeit zu einer Beratung der Situation.
Mögliche Konsequenzen (je nach Schweregrad) können sein:
- Ausschluss von beliebten Aktivitäten (Fußball, Schwimmbad),
- Küchendienst und Reinigungsaufgaben,
- Stubenarrest,
- Ausschluss von der weiteren Fahrt und schlussendlich
- Abholung durch die Eltern.

*Achtung: Mit härteren Sanktionen sehr vorsichtig umgehen, z. B. Heimfahrt als Strafe. Wenn Eltern die Kinder nicht abholen, muss eine Lehrkraft die Überstellung nach Hause begleiten!*

Zu einer gelungenen Klassenfahrt gehört auch ebenso die **Reflexion** darüber. Während der Fahrt kann man mit der Begleitperson bei einem Glas Wein schon verschiedene Aspekte rekapitulieren: Was ist bisher gut gelaufen? Wo gab es Probleme? Wie muss darauf reagiert werden? Sind Alternativen zum gedachten Programm nötig? Das ermöglicht ein spontanes Reagieren auf unterschiedliche Gegebenheiten, wie einen auffällig gewordenen Schüler oder ein wegen Umbauarbeiten geschlossenes Museum.
Am Ende einer Klassenfahrt sollte auch das Feedback der Schüler eingeholt werden. Was wurde als schön, was als weniger schön empfunden? So sammelt man wichtige Erfahrungswerte für die nächste Klassenfahrt.

## Elternabend zur Klassenfahrt

Sind schon einmal viele Details überlegt und vorbesprochen, werden – immer noch frühzeitig genug – die Eltern eingebunden und die **Einladung zum ersten Elternabend** erfolgt.
Auf einem ersten Elternabend zu Schuljahresbeginn wird die Fahrt angekündigt, grobe Details werden besprochen, Elternfragen beantwortet und Anregungen aufgenommen. Möglicherweise gibt es noch einen weiteren Elternabend im unmittelbaren Vorfeld der Fahrt. Offene Elternfragen sind z. B.: „In der Packliste steht: ‚feste Schuhe', gehen da auch Sportschuhe?", „Was verstehen Sie unter Wertsachen, die zu Hause bleiben sollen?", „Wie erfahren wir, wann der Bus an der Schule ankommt?" usw.
Folgende Informationen zur Klassenfahrt sind für den Elternabend von Belang:

- Termin und Ziel der Klassenfahrt
  Was sind die Vorzüge von Termin und Ort?
- Kosten und Finanzierungsmöglichkeiten
  Hier gilt es, Kalkulationsgrundlagen, Teilzahlungsintervalle, Fördermöglichkeiten, die Höhe des Taschengeldes und dessen Verwaltung (nur bei Fünft- und Sechstklässlern) zu besprechen.
- Regeln und Folgen bei Regelverstößen
  *Was ist erlaubt, was nicht? Was geschieht im Fall X?*
- Personalbögen *(siehe dazu Download 15 „Persönliches Datenblatt für die Klassenfahrt")*
  Welche Informationen über die Schüler brauchen die Begleiter? Unterwegs benötigt die Fahrtleitung unbedingt genaue Hinweise zur Erreichbarkeit der Eltern, zu Krankheiten und notwendigem Medikamentenkonsum; außerdem zu Schwimm- und Ausgangserlaubnissen.

- Packlisten
  Welche Tipps für Kleidung und Ausstattung gibt es? Wie ist der Umgang mit Wertgegenständen?
- Kommunikation während der Fahrt
  Wie sind Lehrer und Eltern zu erreichen? Welche Probleme liegen im Handygebrauch der Schüler? Was tun bei Krankheitsfällen und Heimweh?
- Wie bereiten wir uns vor?
  Dazu gehören die Punkte: Einteilung der Gruppen und Zimmer, Projekte und Rallyes vor Ort usw.

## Packlisten

Immer wieder treten kleine Tragödien auf, wenn sich Schüler mit zu schweren Koffern abschleppen. Sind bei der Abfahrt noch hilfswillige Eltern vor Ort, ist dagegen an den Stationen unterwegs das große Klagen angesagt. Schließlich können die erwachsenen Begleiter das Elend nicht mehr sehen und greifen selbst zu – um neben ihrem eigenen Gepäck noch das der Klassen-Queen zu schleppen.

*Es kam auch schon vor, dass Schüler Zusatzgepäck in Plastikbeuteln über den Bahnsteig schleiften. Dann riss der Beutel auf …*

Eltern und Schülern muss nachhaltig klargemacht werden, dass Begleitpersonen nicht die Kofferträger der Schüler sind. Die Klassenfahrt ist auch kein Modeevent, man kann durchaus mit beschränktem Kleidungsvorrat reisen. *(Siehe dazu Downloads 16 „Packliste für Lehrer" und 17 „Packliste für Schüler". Die Packlisten können bearbeitet und auf die Bedürfnisse der speziellen Fahrt angepasst werden.)*

Download 16 **Klassenfahrt** | Packliste für Lehrer

### Packliste für Lehrer

**Unterlagen:**

☐ Beförderungsschein Bahn/Vertrag Busunternehmen *(mit 24h-Telefonnummern für Ansprechpartner)*
☐ Vertrag mit der Unterkunft *(Bestätigung der Reservierung und gegebener Zusagen; Telefonnummern)*
☐ Stadtplan, Karten der Umgebung *(Maßst…*

DOWNLOAD

*Download 16: Ausschnitt aus einer Packliste für Lehrer*

Download 17 **Klassenfahrt** | Packliste für Schüler

## Packliste für Schüler

### Handgepäck:

- ☐ kleiner Rucksack oder Beutel
- ☐ Portemonnaie
- ☐ Personal- oder Schülerausweis *(im Ausland evtl.: Reisepass/Visum)*
- ☐ Krankenversicherungskarte *(im Ausland: Impfpass/Auslandskrankenschein)*
- ☐ Essen und Getränke für die Reise
- ☐ Medikamente* *(Liste vorher an den Klass…*

*Download 17: Ausschnitt aus einer Packliste für Schüler*

[1] Vgl. Brokemper, Peter: Richtig beginnen in Ausbildung und Praktikum. Vom ersten Eindruck bis zur Lösung von Konflikten, Verlag an der Ruhr: Mülheim an der Ruhr, 2015

[2] Siehe hierzu z. B. im NRW-Bildungsportal: *www.schulministerium.nrw.de/docs/Recht/Schulrecht/Schulfahrten/Fragen-und-Antworten/index.html*

[3] „Empfänger von Hartz IV müssen demnach die Kosten nicht von den Regelleistungen zahlen. Diese werden nach rechtzeitiger Antragstellung im Jobcenter im Rahmen des Bildungs- und Teilhabepakets übernommen. Der ‚Grundbedarf des Kindes' ist laut eines Urteils des Bundessozialgerichts in Hessen 2008 nicht gedeckelt, sondern muss in der Höhe gefördert werden, wie viel die Schulfahrt tatsächlich kostet. Eine Deckelung der maximalen Klassenfahrtenkosten findet auf Schulkonferenzen der einzelnen Lehranstalten statt.
Ebenso gute Chancen auf die Inanspruchnahme des Bildungspaketes haben Familien, die sonstige Hilfen beziehen. Darunter fallen Empfänger von Sozialhilfe, Kinderzuschlag, Wohngeld oder Asylbewerberleistungen." Schumann, Marco: Zuschüsse und Kostenübernahmen beantragen, *www.schulfahrt.de/ratgeber/reiseplanung/zuschuesse-und-kostenuebernahmen-beantragen-220.php*

[4] Schulte, Michael: Schulwanderung, Schulfahrt und Klassenfahrt, *www.gew-nrw.de//Schulfahrtarbeitsplatz.html*
Darin finden sich auch Verweise auf Erlasse:
BASS 14-12 Nr. 2 (Richtlinien für Schulwanderungen und Schulfahrten, Wanderrichtlinien – WRL) und BASS 14-12 Nr. 3 (Abschluss von Beförderungs- und Beherbergungsverträgen)
Weitere Infos über Schulfahrten auf der Seite des Schulministeriums NRW: *www.schulministerium.nrw.de/docs/Recht/Schulrecht/Schulfahrten/*

# 11

# Eltern – Partner des Klassenlehrers?

# Eltern und Schule

*„Elternabend – für viele ist das fast so schlimm wie Zahnwurzelbehandlung oder Steuererklärung. Die zäh verstreichende Zeit, die unbequemen Stühlchen und, am allerschlimmsten, die anderen Eltern."*[1]

Das Grundproblem der Zusammenarbeit zwischen Eltern und der Schule ist: Eltern interessieren sich zunächst nur für ihr Kind – und nur deshalb überhaupt für die Schule, die Mitschüler und die anderen Eltern. Lehrer hingegen haben einen Lehrauftrag für alle Kinder der Klasse – und nur deshalb interessieren sie sich für das individuelle Kind und meist erst lange danach für dessen Eltern.
Von Eltern wissen Lehrer immer schon, dass diese einen fördernden oder hemmenden Einfluss auf die Entwicklung ihrer Kinder haben.
Eltern werden häufig als außerhalb stehende Gruppe gesehen, die nur sekundär mit der Schule zu tun hat. Entsprechend hat man es anstelle produktiver Kommunikation oft mit wenig engagierten und routiniert durchgeführten, entsprechend unpersönlichen und langweiligen „Pflicht-Veranstaltungen" für Eltern zu tun. Nur in Ausnahmefällen entwickelt sich eine Erziehungs- und Bildungspartnerschaft, die durch eine starke Einbeziehung der Eltern als aktive, gleichberechtigte Partner gekennzeichnet ist. Ein Klassenlehrer, der das fördern will, muss sich schon deutlich mehr einsetzen als der Durchschnitt.

*Elternarbeit = Eltern machen Arbeit?* – so provokativ titelt die Hamburger Professorin Dagmar Killus in einem Vortrags-Skript, um zu dem Schluss zu kommen: „‚Elternarbeit' gilt als überholt. Die Gestaltung einer Erziehungs- und Bildungspartnerschaft lässt sich als gemeinsame Aufgabe von Elternhaus und Schule verstehen."[2]
Es kann aber nicht übersehen werden, dass – anders als noch vor einigen Jahrzehnten – größere Felder der Erziehungsarbeit von der Schule bestellt werden müssen, für deren Pflege die Eltern zunehmend ausfallen bzw. zeitlich und emotional nicht mehr in der Lage sind.

Der Klassenlehrer kommt normalerweise von allen beteiligten Pädagogen am engsten mit den Eltern in Kontakt. Für ihn gilt es, sich einige Fakten klarzumachen und sich möglichst empathisch in die Lage der Eltern zu versetzen. Für Elternkontakte gilt allgemein:

- Verständnis dafür haben, dass der Kontakt mit der Schule für viele Eltern bedeutet: Achtung – Probleme warten!
  *Viele Eltern haben unangenehme Gefühle im Zusammenhang mit Schule, die u. a. mit eigenen negativen Erfahrungen zu tun haben. Häufig hören sie: „Also Ihr Kind muss dringend … Wenn nicht …, dann …"*
- berücksichtigen, dass Eltern zu Gesprächen oftmals angestrengt eintreffen, weil sie von der Arbeit kommen und/oder mit eigenen Problemen befasst sind

- Einsicht entwickeln, dass viele Eltern sich Sorgen um das Vorankommen ihrer Kinder machen, andere wiederum dies aber kühl der Schule überlassen
- darum wissen, dass die Kommunikation nicht symmetrisch verläuft: Eltern sind bei Berichten über die Schule einseitig auf die Informationen ihrer Kinder angewiesen.
- sich bewusst sein, dass ein „Machtgefälle" existiert (z. B. Notengebung; Schule, zu der man „einbestellt" wird), das Eltern befangen macht: Das löst die Furcht aus, dem Kind durch kritische Nachfragen zu schaden.
- erwägen, dass angebliche Nörgeleien berechtigte Anfragen an die Schule enthalten können. („Am besten geht der Lehrer davon aus, dass sich sogar hinter kritischen Aussagen von Eltern meist positive Intentionen verbergen."[3])
- das Gefühl vermitteln, dass Eltern selber mitwirken und gestalten können und sich nicht nur in der Rolle der Abhängigen des Schulsystems und seiner Vertreter befinden
- hohe Gelassenheit und freundliche Zuwendung zeigen, das bedeutet auch, sich nicht provozieren zu lassen – auch wenn es schwerfällt!

# Empathische Kommunikation

Eine auf partnerschaftliche Zusammenarbeit mit den Eltern abzielende Kommunikation erfordert:

- Schüler und Eltern in verständlicher Sprache anzusprechen
  *Manche Kollegen kommen nicht vom „Pädagogen-Fach-Sprech" herunter: „Differenzierung", „intrinsische Motivation", „Kompetenz", „Curriculum" – Manche Eltern fragen sich verstört: Was ist das?*
- Top-Down-Ansage-Mentalität tunlichst zu vermeiden, eine freundlich-zugewandte Haltung auch gegenüber schwierigen Typen sollte Pädagogen professionell möglich sein.
- aktiv zuzuhören und den Eltern zu helfen, wenn sie Formulierungsprobleme haben („Meinen Sie ...?")
- kein Urteil über das Kind oder die Eltern zu fällen
  Das bedeutet als Grundregel: Nicht die Person wird kritisiert, sondern ein bestimmtes Verhalten. Sprich: „Ich lehne nicht Tim ab, sondern ärgere mich, wenn er im Unterricht reinruft, ohne sich zu melden."

Für Kommunikation gilt grundsätzlich, dass es keine Sicherheit gibt, dass meine Äußerungen vom Gegenüber auch so verstanden werden, wie ich sie gemeint habe. Und was die Sache noch komplizierter macht: Das Gleiche gilt auch von dem, was ich von meinem Kommunikationspartner zu hören oder zu lesen bzw.

erwidert bekomme. Diese Tatsache sollte im Elterngespräch dazu führen, besonders sensibel vorzugehen und sich ggf. durch Rückfragen zu versichern, welche meiner Botschaften wie angekommen sind.

Noch ein Wort zu Elternbriefen: Was bei Eltern fast immer die Alarmglocken läuten lässt, ist amtliche Post von Schulen und Behörden. Sie wissen: Oft handelt es sich um „Blaue Briefe" (die heute natürlich nicht mehr blau sind) oder Strafmandate. Eine verantwortliche Klassenführung wird Eltern entsprechend mündlich vorwarnen und ihnen die Hintergründe erklären, wenn die Schule Post versenden wird, die unangenehme Botschaften enthält (Tadel, Hinweise auf die Gefährdung der Versetzung usw.).
*Ein schöner Brauch ist die Abfassung eines periodischen, an die Eltern adressierten Infobriefs, der in lockerer Form die Ereignisse der zurückliegenden Zeit beleuchtet, mit Beiträgen von Schülern angereichert ist und Ankündigungen für die Folgezeit enthalten kann. Das Gleiche gilt für eine Klassenzeitung.*
Nach dem Versenden von verschiedenen Informationen bietet es sich an, nachzuhaken, ob diese auch wirklich beim Empfänger angekommen sind.
*Hilft übrigens auch gegen Behauptungen wie: „Davon wussten wir nichts!"*

**Kontrolle: Elterninformation**

Liebe Eltern, um einen Überblick zu behalten, ob auch alle Informationen bei Ihnen angekommen, bitte ich Sie jeweils um Bestätigung des Erhalts durch Ihre Unterschrift.

| Nr. | Datum | Inhalt der Information | Unterschrift |
|---|---|---|---|
| *1* | *01.12.2018* | Information über Ausflug „Schlittschuhlaufen" | Müller |
| *2* | *10.12.2018* | Weihnachtsfeier und „Wichteln" | Müller |
| *3* | *15.01.2019* | Zeugniskonferenz/Elternsprechtag | Müller |
| *4* | *02.02.2019* | Praktikumsvorbereitung beim IB | Müller |

*Kontrollbogen Elterninformation*

# Der erste Elternabend ohne Langeweile

Vielen Lehrern ist nicht klar, dass sie zwar den Elternabend einberufen und leiten müssen, nach der Wahl zur Elternvertretung/Klassenpflegschaft aber die Verantwortung eigentlich auf den/die Vorsitzende(n) der Klassenpflegschaft übergeht. Zwar sollte immer eine Abstimmung mit dem Klassenlehrer erfolgen (was ja auch naheliegend ist), grundsätzlich dürfen die Vorsitzenden in den meisten Bundesländern aber selbstständig einladen und die Versammlung leiten.

In den meisten Fällen kann man dies aber nicht erwarten, sodass die Einberufung und Gestaltung des Treffens doch wieder dem Klassenlehrer obliegen wird.

**Termine** für einen Elternabend müssen mindestens sechs Wochen vorher bekannt gegeben werden. Am besten passen Wochentage in der Wochenmitte (Di, Mi, Do). Montags müssen sich viele erst mal nach dem Wochenende sortieren, freitags sind die Gedanken auf die kommenden freien Tage gerichtet – Termine in der Schule erscheinen dann weniger passend.

Das vorgesehene **Setting** ist eine wichtige Visitenkarte der Klassenführung: Eine nicht geputzte Tafel, herumliegender Müll und vertrocknete Blumen machen bei einem ersten Elternabend keinen guten Eindruck! Es ist wichtig, auf ein angemessenes Erscheinungsbild zu achten und eine lockere Atmosphäre zu schaffen: Ist die Klasse sauber? Stehen frische Blumen auf dem Pult? Auch die Einrichtung eines Stehkonvents mit Getränken und Keksen hilft Eltern und Lehrern, gelöst miteinander ins Gespräch zu kommen. Es ist davon auszugehen, dass sich die Eltern möglicherweise untereinander nicht alle kennen. Ein Tisch in Türnähe mit Anwesenheitsliste und Namensschildern kann da Abhilfe schaffen (hier genügt deutlich lesbar mit den Namen beschriftetes Malerband, das vom Klassenlehrer vorbereitet wird; die beschrifteten Klebestreifen können auf einer OHP-Folie „geparkt“ werden, wo sie sich leicht und schnell ablösen lassen).
*Wenn das vom Klassenlehrer vorbereitet wird, geht es schneller und ist effektiver.*
Zum ersten Elternabend gehört auch eine funktionale Sitzordnung, am besten geeignet ist ein Kreis oder eine U-Form, damit sich alle gut sehen können.

Eine **Vorstellungsrunde** folgt der Begrüßung: Für den ersten Elternabend werden in der Literatur verschiedentlich Kennenlernspiele vorgeschlagen, z. B. mithilfe von Fragen: „Wer isst gern Schokolade?“, „Wer hat mehr als zwei Geschwister?“, „Wer kocht gerne?“[4]
*Mir schienen diese Vorschläge immer zu kindlich. Ich habe es – auch angesichts der Themenvielfalt und der begrenzten Zeit – bei einer kurzen Selbstvorstellung belassen: „Wir sind die Kaisers, Eltern unserer Tochter Mary“ usw. Kann sein, dass es auch mit meiner Abneigung gegen peinliche Sozio-Spiele unter sich nicht besonders nahestehenden Erwachsenen zu tun hat.*

Die **Tagesordnung** steht nicht nur in der Einladung, sondern wird am Elternabend selbst auch noch einmal auf der Tafel gezeigt. Dabei sollte man Platz für Ergänzungen lassen und Wichtiges vor weniger Wichtigem notieren. Praktisch sind Moderationskarten (heller Leichtkarton oder kräftigeres Papier, ein Drittel eines DIN-A4-Blatts) mit Klebestreifen (Malerband), mit denen man die TO leichter ergänzen und anders strukturieren kann. Notizen mit Kreide eignen sich nicht so sehr, weil man das Geschriebene nur durch Verweisstriche oder Auswischen ergänzen oder verändern kann.

**Fallbeispiel: Aktive Themenwahl**

Um die Atmosphäre zu lockern und die Eltern von den Stühlen zu holen, kann man Themenvorschläge der Eltern auf Aspekt-Karten oder einem großen Flipchart-Bogen sammeln (die eigenen Themen dürfen dabei nicht fehlen), den Eltern drei Klebe-Punkte aushändigen und sie die Vorschläge bewerten lassen: „Was ist Ihnen wichtig, worüber möchten Sie mehr erfahren?"

**Vorteil:** Alle müssen sich von den Plätzen erheben, können zwanglos miteinander reden und erleben, dass ein selbst gewählter Themenkatalog sichtbar wird. Gleiche Anregungen werden gebündelt zugeordnet. In der so von den Eltern bestimmten Reihenfolge werden dann die Themen behandelt.

Interessante Themen für den ersten Elternabend könnten sein:

- den Jahresplan (verkürzt, entschlackt) erläutern
- Stundenplan und Tagesorganisation an der Schule erklären
- von Regeln erzählen, die sie später durch ihre Kinder kennenlernen werden, und die Bitte des Lehrers, die Arbeit in der Klasse zu unterstützen
- die Fachlehrer vorstellen (soweit sie an diesem Abend zur Verfügung stehen)
- Fragen zur Einrichtung einer Klassenkasse für kleine Ausgaben
  Wie viel und wann soll eingezahlt werden, z. B. einen Kleinbetrag jeden Monat? Am besten wird ein kostenloses Konto bei der Bank/Sparkasse im Ort eingerichtet; Kleinbeträge kann auch ein Schüler als „Kassierer" einsammeln und beim Lehrer abgeben. Dann ist allerdings eine gegengezeichnete Quittungsliste nötig. Auch kann die Frage diskutiert werden, wie man an weiteres Geld für die Klasse kommt (Spenden, Aktionen, z. B. Auto putzen, Gartenarbeiten, Einkäufe erledigen usw.)?
- die Zuständigkeiten/Geschäftsverteilung in der Schule besprechen und ein einfaches Organigramm mit Namen und Funktionen vorstellen

Dann stehen die **Wahlen** an. Es ergibt Sinn, die formalen Wahlen zur Klassenpflegschaft erst anzusetzen, wenn die Eltern sich bei den vorangegangenen Gesprächen ein wenig kennengelernt haben. Je nach Wunsch der Eltern wird offen oder geheim abgestimmt. Dazu im Vorfeld schon einmal vorfühlen, wer sich möglicherweise als Elternvertreter zur Verfügung stellen würde. Das kürzt die Zeit für die Suche während der Sitzung enorm ab.
*Achtung: Im Zuge zunehmender Patchwork-Familien und Sorgerechtsstreitigkeiten muss jedenfalls klar sein, wer das Recht hat, für den Schüler als Erziehungsberechtigter aufzutreten. Wenn das nicht vorher klar ist, muss im speziellen Fall nachgefragt werden.*

Eine kurze **Feedbackrunde** kann die Veranstaltung abschließen. Geeignet wäre ein knappes „Blitzlicht" (= kurze Meinungsäußerung der Teilnehmer ohne Erwiderung durch andere oder Diskussion).

Um die Bedeutung einer professionellen Vorbereitung zu unterstreichen, soll ein Fallbeispiel veranschaulichen, wie man es hoffentlich nicht macht. Das nachfolgende Negativ-Beispiel ist ein real erlebtes.

**Fallbeispiel: Frau Werle macht es falsch**

Das Ehepaar Becker ist zum Elternabend der 8. Klasse gekommen. Mit einigen Eltern hat man vor der geschlossenen Tür gewartet. Atemlos kommt Frau Werle, die Klassenlehrerin, angestürzt. Sie entschuldigt sich, der Abendverkehr sei schuld. Die Klasse wird aufgeschlossen und Ehepaar Becker wundert sich: Gruppentische durcheinander geparkt, eine verschmierte Tafel und leere Getränketüten in der Leseecke. Frau Werle bittet, einen Kreis zu stellen. Fünf Minuten Umräum-Getöse – es treffen noch weitere Eltern ein.

Frau Werle begrüßt die Runde, sie will über die Leistungen der Klasse und das bevorstehende Praktikum sprechen. Eine Tagesordnung gibt es nicht. Eltern fragen, ob auch über die Probleme zwischen zwei Mädchengruppen gesprochen wird. Mutter Meyer hebt zu einem langen Monolog über die Situation in der Schule an. Andere haben Fragen zu den Hausaufgaben. Das Ehepaar Öztürk scheint nicht richtig zu verstehen. Jemand bittet, das Fenster zu öffnen, weil die Luft so schlecht sei. Frau Werle fragt, ob jemand freiwillig das Protokoll führen könne. Alle schauen auf ihre Hände, Herr Becker schaut auf die Wanduhr.

Man sieht sofort: Hier wurde so gut wie gar nicht vorgeplant. Frau Werle hat weder das Setting vorbereitet, noch strukturiert sie den Abend. Das Durcheinander verweist darauf, dass wichtige Elemente fehlen: eine zu vereinbarende Tagesordnung, freundliche oder strikte Führung, Unterbrechen von Vielrednern, wenig beteiligte Eltern ins Gespräch ziehen und ein Augenmerk auf die verrinnende Zeit haben.
Die Frage, wer ein kurzes Protokoll schreiben kann, gehört natürlich an den Beginn der Veranstaltung. Findet sich niemand, ergibt es keinen Sinn, während des lastenden Schweigens auf eine Meldung zu warten. Dann macht man eben selbst ein paar Notizen und fertigt später ein kurzes Ergebnis-Protokoll an. Die kleine Mehrarbeit lohnt sich schon deshalb, weil man so die Fäden in der Hand behält, Inhalt und Tendenzen im Protokoll zu bestimmen.

Eigene Notizen zum Verlauf des Abends – gemacht, solange die Eindrücke noch frisch sind – sind eine nützliche Gedächtnisstütze für den Klassenlehrer: Was ist an einzelnen Eltern aufgefallen? Was ist noch zu erledigen? Welchem Problem muss nachgegangen werden? Welche Zusagen habe ich gemacht, um deren Verwirklichung ich mich noch kümmern muss? Wurden Themen angesprochen, die Fachlehrer angehen? u. v. m.

Je nach Bundesland ist eine unterschiedliche Zahl von Elternabenden vorgeschrieben. Themen für Elternabende im Laufe der weiteren Schuljahre könnten sein:

- anstehende Unterrichtsreihen
- Informationen über den Lehrereinsatz in der Klasse (z. B. Fachlehrer, AG-Leiter)
- geplante Projekte
- Unterrichtsgänge und Klassenfahrten
- Differenzierungsfragen (z. B. Wahl von Wahlpflichtkursen)
- Fördermaßnahmen
- Abläufe der Zeugniserstellung und Abschlüsse
- anstehende Feste und Feiern (ggf. inklusive Elternmitwirkung)
- Fragen des Ganztags (Mittagessen, Mittagsfreizeit, AGs)
- freiwillige Aufgaben der Eltern-Sprecher
- u. v. m.

## Elternsprechtag (Lern- und Entwicklungsgespräche)

Je höher der Jahrgang der Schüler, desto mehr sinkt das Interesse der Eltern an Elternabenden zu Beginn und im Laufe eines Schuljahres. Häufig sitzen in der 9. Klasse nur noch die besonders Pflichtbewussten in der Runde.
Aus diesem Grund ist der Elternsprechtag, der persönliches Erscheinen der Erziehungsberechtigten einfordert, oft die einzige Möglichkeit, 2-mal im Jahr nach der Zeugnisausgabe mit den Eltern zu sprechen.
*An meiner Schule wurde schwacher Druck auf die weniger engagierten Eltern dadurch ausgeübt, dass am Brauch festgehalten wurde, die Zeugnisse zunächst nur beim Elternsprechtag auszuhändigen. Entzogen sich Eltern mithilfe von durchsichtigen Entschuldigungen, wurde eine individuelle „Einbestellung" vorgenommen – das Zeugnis aber (wenn auch verspätet) dem Schüler ausgehändigt (Rechtslage).*

Bei der Einladung zu den Einzelgesprächen haben wir auf folgende Vorgaben geachtet:

- in der Einladung klarstellen, dass kein Elterngespräch ohne die Anwesenheit des eigenen Kindes Sinn ergibt!
- nach Vorlieben für die Sprechzeiten fragen, z. B. mithilfe einer Ankreuzliste für Tagesabschnitte (vormittags/nachmittags/früher Abend oder feste Zeiten, wie 14:30–14:50 Uhr)
- die Gespräche terminieren und dies den Eltern mitteilen (Mitteilungsheft)
- Sprechzeiten-Plan an der Klassentür aushängen
- Stühle für Wartende bereitstellen

**Aktueller Gesprächsbedarf** kann jederzeit auch im Verlauf des Schuljahres bestehen (Leistungsabfall, Disziplinarprobleme, Fördernotwendigkeiten usw.). Für diese Gespräche werden dann individuelle Termine abgesprochen.

Eine **wöchentliche Lehrersprechstunde** wird in den meisten Schulen festgesetzt. Das ist meist ein Präsenztermin in einer Springstunde zwischen anderen Unterrichtsverpflichtungen. Hier sollte der Klassenlehrer aber auf vorheriger Anmeldung bestehen.

## Zusammenarbeit mit Eltern – außerhalb der Pflichttermine

Eine Kommunikationsmöglichkeit zwischen den halbjährlichen offiziellen Terminen bieten **Elternstammtische und -gesprächskreise**. Man sollte als Klassenlehrer nicht zunächst daran denken, dass ein weiterer Abend von der privaten Zeit abgeht. Der Vorteil eines Stammtisches ist, dass er von den Eltern organisiert werden muss und man selbst als Gast nur noch auf einem Stuhl Platz nimmt und in informeller Runde einen Wein/eine Cola trinkt.
Mit Sicherheit kommen – ohne die im Abschnitt *„Eltern und Schule"* beschriebenen Hemmnisse, die Eltern im Kontakt mit der Institution Schule empfinden – allerlei interessante, die Klasse betreffenden Dinge zur Sprache. Vieles davon ist für den Klassenlehrer wichtig, zu wissen. Mitunter erfährt er so nebenbei von Strukturen und Einschätzungen innerhalb der Elternschaft, die man ihm bei offiziellen Anlässen eventuell nicht erzählt hätte. Er selbst kann eigene Anliegen einfließen lassen und so bestimmte Projekte vorbereiten.
Es versteht sich von selbst, dass in größerer Runde nicht über einzelne Schüler gesprochen werden darf. („Sagen Sie mal, Herr Brückner, der Marc ist ja ein übler Stänkerer. Meinen Sohn hat er letzte Woche …").

Hat man es mit einer leicht zu motivierenden Elternschaft zu tun, kann man die Elternvertreter auch zu Themenabenden anregen. Solche Abende könnten sich – unter Anleitung von Experten – mit allgemein interessierenden Fragen, z. B. mit Themen wie Gesundheit, Pubertät, Sexualerziehung, Medienkonsum u. Ä., beschäftigen.

Es gibt wenige Sekundarschulen, die Elternnähe dadurch suchen, dass sie auch **Freizeit-Events** organisieren (Wanderung, Bastelabend, gemeinsamer Besuch einer öffentlichen Diskussion zu interessierenden Fragen usw.). Dies ist allerdings ein sehr weitgehender Schritt, den sich der Klassenlehrer gut überlegen muss. Probleme können auftreten, wenn ein interessierter, kleinerer, „elitärer" Kreis das Geschehen dominiert – und andere Eltern sich ausgeschlossen fühlen.

**Eltern als Helfer** anzuheuern, kommt in der Grundschule häufiger vor als an den weiterführenden Schulen, ist aber keine schlechte Idee. Eltern, die sich verlässlich in den schulischen Alltag einbinden lassen, können als Lesehelfer, Betreuer von Projektgruppen, Helfer bei Klassengestaltung und Klassenfesten, Begleiter bei Unterrichtsgängen, Klassenfahrten usw. fungieren.
Mit etwas Glück helfen Eltern in der Sekundarstufe mit Expertenwissen, z. B. bei Computerfragen, leiten Arbeitsgemeinschaften oder nutzen ihre Möglichkeiten bei der Berufserkundung. Auch eine elterliche Hausaufgabenhilfe für kleine Gruppen kann da einspringen, wo eine Schule keine Ganztagsbetreuung anbieten kann. *(Siehe dazu Download 18 „Wichtige Hinweise für die Hausaufgabenbetreuung")*

Wenn **Eltern als Gegner** auftreten, ist hohe Aufmerksamkeit geboten. Die Rechtsabteilungen der Berufsverbände können ein Lied davon singen, mit welcher Verve manche Eltern versuchen, die Notengebung ihrer Kinder zu beeinflussen oder pädagogischen Maßnahmen der Schule mit juristischen Mitteln zu widersprechen. Das soll nicht heißen, dass es nicht immer wieder Fälle gibt, wo legitime Einwände gegen hoheitliches Handeln eines Lehrers oder einer Schule vorliegen können.
Es scheint aber so, als habe die Hysterie zugenommen, mit der das eigene Kind vor allen Widrigkeiten des Lebens abgesichert werden soll. Für den Klassenlehrer bedeutet das, seine Entscheidungen mit gut dokumentiertem Material zu unterfüttern, um ggf. seine Sachgründe nachweisen zu können. *(Siehe dazu auch „Immer wenn du denkst ..." auf S. 171, Stichwort: Berufsverbände [Lehrerverbände, Fach-Gewerkschaften u. a.])*

[1] Schaaf, Julia; Thomann, Jörg: Horrorthema Elternabend: Und einer schreibt das Protokoll. In: „Frankfurter Allgemeine Zeitung", Frankfurt 14.01.2015, *www.faz.net/aktuell/gesellschaft/elternabend-und-einer-schreibt-das-protokoll-13363298.html*

[2] Prof. Dr. Killus, Dagmar: Elternarbeit = Eltern machen Arbeit? Wechselwirkung zwischen Elternhaus und Schule, PDF einer Fortbildungsveranstaltung für Schulleiterinnen und Schulleiter der Gemeinschaftsschulen. Bad Segeberg, Oktober 2016, *www.schleswig-holstein.de/DE/Landesregierung/IQSH/Arbeitsfelder/Fuehrungskraefte/Veranstaltungsdokumentation/Beitraege/2016/Downloads/SLGemS/elternKillus.pdf?__blob=publicationFile&v=2*

[3] Eichhorn, Christoph: Classroom-Management. Wie Lehrer, Eltern und Schüler guten Unterricht gestalten, Klett-Cotta: Stuttgart 2012, 5. Auflage, S. 26

[4] Vgl. Friedrichs, Birte; Schubert, Nele: Das Klassenlehrer-Buch für die Sekundarstufe, Beltz Verlag: Weinheim und Basel 2013

# 12

# Immer wenn du denkst, es geht nicht mehr …

**Beinahe ein Fallbeispiel: Welch ein Tag!**

Als sie die Klasse betritt, streben die Schüler sofort leise und gesammelt auf ihre Plätze. Sie schauen mit leuchtenden Augen zum Pult, auf das die Klassensprecherin frische Blumen gestellt hat. Sie spürt die Begeisterung, mit der die Schüler auf ihren Unterricht warten, und die Welle der Sympathie. Ein wenig schwingt in ihr noch die Freude darüber nach, dass die Kollegen eben ihre Ratschläge und Best-Practice-Beispiele so gut aufgenommen haben. Den Mathematik-Kollegen konnte sie leicht überzeugen: Er wird Tims Note anheben. Seine Eltern würden ihr sicher am Telefon danken und sagen: „So eine Lehrerin hätten wir früher auch gern gehabt." Und dass der Schulleiter sie eben beiseitegenommen und ausdrücklich für ihre gute Arbeit gelobt hatte, machte das Glück vollkommen. Ja, Klassenlehrerin zu sein, das ist …

Der Wecker klingelt! Frau Pütz reibt sich die Augen. Ach je, schon wieder aufstehen! Der goldene Traum verweht, ihre renitente 7. Klasse wartet. Und dann noch zwei Vertretungsstunden und der schreckliche Berg von Korrekturen. Es ist alles nicht so leicht …

# Wenn der Beruf zur Last wird …

Neu im Beruf oder mit längerer Erfahrung – für manche Kollegen können die vielseitigen Ansprüche des Lehrerseins zu Überforderung führen. Das kann an den systemischen Zuständen liegen oder an der persönlichen Disposition des Einzelnen. Der eine verkraftet frustrierende Situationen leichter – der andere eben nicht! Der eine empfindet randalierende Schüler als sportliche Herausforderung – der andere als bedrohliches Szenario.

Manch ein Lehrender hat sich vielleicht von der eigenen, glatt und geschmeidig verlaufenen Schülerbiografie und dem starken Interesse für ein bestimmtes Fach zur Wahl des Lehrerberufes verleiten lassen. Störungen von anderen Schülern hatten seine damaligen Lehrer mit ganz unterschiedlichen Methoden verhindert oder letztendlich geklärt. Erworbene Autorität oder subtiler Druck über die Noten hatten die Problemlösungen leicht aussehen lassen.
Nun – selbst eingeklemmt in die Vermittlungsansprüche, die unruhigen und zum Teil widerspenstigen Schüler, die manchmal wenig hilfreichen Kollegen und räsonierenden Eltern, die Belastungen durch Vorbereitungen und Korrekturen, die mangelnde gesellschaftliche Wertschätzung und Unterstützung –

sieht die Sache plötzlich sehr viel weniger erfreulich aus. Kommen jetzt noch Ansprüche aus dem privaten Bereich hinzu, findet man sich urplötzlich am Limit wieder. Verhärtung gegenüber Schülern und Kollegen sowie Flucht in die Krankheit sind dann nicht selten.

**Fallbeispiel: Das hatte sie sich anders vorgestellt**

14 Semester Physik, sehr guter Abschluss, Doktorandenseminar, Hoffnung auf eine Assistentenstelle oder – nach der Promotion – eine Anstellung in der ortsansässigen chemischen Industrie. Dann Beziehung zu einem Kommilitonen, ein Kind kündigt sich an, die Pläne zerrinnen, was bleibt: Physiklehrerin an einer Schule.

Frau Karls ist vielleicht keine Kinderhasserin, aber viel Sympathien für Jugendliche hat sie nicht. Zudem kommt ihr der Unterricht als eine primitive Tätigkeit unterhalb ihrer Fachkompetenz vor. Sie stößt zunehmend auf Schwierigkeiten, findet den Lehrberuf eine Zumutung, wird depressiv und schließlich arbeitsunfähig. Waren also die Schule und die schwer zu führenden Jugendlichen schuld, dass sie nicht mehr konnte?

Tatsache ist aber nun mal: „Lehrer zu werden heißt, einen Kontaktberuf zu ergreifen, und **nicht, gut in einem Fach zu sein**. Die eigenen Kontakt- und Kommunikationsfähigkeiten und fundierte Kenntnisse über gruppendynamische Prozesse, Gesprächsführung und Motivationstechniken tragen später entscheidend zum Erfolg und zur Belastbarkeit in diesem Beruf bei – von Kinderliebe oder Freude am Umgang mit pubertierenden Jugendlichen ganz zu schweigen. Das ist das Fundament, auf dem die fachlichen Kompetenzen aufbauen."[1]

Das Ideal zu beschreiben, hilft aber denen nicht, die sich von Schwierigkeiten umgeben sehen. Eine gründliche Analyse kann zur Erkenntnis führen, sich entsprechend fortzubilden, sich therapeutisch helfen zu lassen oder im Extremfall einen frustrierenden Beruf aufzugeben.
Die nachfolgenden Ausführungen haben die Absicht:

1. junge Lehrende, die ihren Beruf voller Optimismus ausüben, vor möglichen Fallen im System zu warnen und einen achtsamen Umgang mit den eigenen Ressourcen anzuregen.
2. gestandene Lehrer, die in ihrer Arbeit auf Schwierigkeiten stoßen, an das Spektrum der Stress verursachenden Faktoren zu erinnern und die energische und frühzeitige Suche nach Hilfen nahezulegen.

# Stressfaktoren und Lehrergesundheit

Wie im Verlauf schon häufiger betont, ist eine positive Beziehung zu den Personen des täglichen beruflichen Umgangs auch eine Grundlage guten Unterrichts. Dies kann selbstredend nicht funktionieren, wenn Lehrende durch unterschiedliche Stressfaktoren hart an ihren persönlichen Grenzen funktionieren. *Neu im Amt befindliche Klassenlehrer sollten sich fragen, wie sich die nachfolgend erwähnten Kriterien auf ihre Arbeit auswirken.*
Aus arbeitspsychologischer Sicht sind folgende Merkmale des Lehrerberufs durchaus gesundheitsfördernd bzw. potenziell belastend:

| Gesundheitsfördernde Elemente | Stressfaktoren |
|---|---|
| das Bewusstsein, eine sinnvolle und sozial wichtige Tätigkeit auszuführen | Rollenunklarheit |
| die Möglichkeit, echte, oft sehr schöne soziale Kontakte zu Kindern, Jugendlichen und Erwachsenen pflegen zu können | die Notwendigkeit, guten Unterricht unter suboptimalen Bedingungen gewährleisten zu müssen |
| die Möglichkeit eines großen Handlungsspielraums und ein sehr selbstständiges Arbeiten, ohne direkte Anweisungen eines Chefs | die Notwendigkeit, überfordernde, zum Teil lebensferne Lehrpläne durchsetzen zu müssen |
| die Möglichkeit, interessenbezogene Schwerpunkte zu setzen (fachlich, didaktisch, persönlich) | der Druck der Mitverantwortung für die Lebensperspektiven der Schüler (Noten, Förderung) |
| das Ausleben verschiedener Aspekte der eigenen Persönlichkeit | die Erfolgsmessung durch Vergleichsarbeiten, auf deren Qualität man oft zu wenig Einfluss nehmen konnte |
| die Möglichkeit, sich durch Unterricht fachlich und didaktisch weiterzuentwickeln | das Gefühl, nie genug investiert zu haben (wenig Kenntnis über spätere, nachhaltige Erfolge der mit Schülern geleisteten Arbeit) |
| die Sicherheit des Arbeitsplatzes im öffentlichen Dienst | die Auseinandersetzung mit disziplinarisch und intellektuell schwierigen Schülern |

fließende Grenzen zwischen Beruf und Privatleben (abendliche Vorbereitungen und Korrekturen)

Der sich belastet fühlende Lehrer kann selten darauf vertrauen, dass ihm aus seiner Umwelt Verständnis entgegentritt. Schnell fallen Äußerungen wie: „Ich hätte auch gern so viel Ferien und einen Halbtagsjob bei toller Bezahlung. Also, was beschwerst du dich?". Dieselben Menschen heben aber sofort heftig abwehrend die Hände, wenn man ihnen vorschlägt, doch selbst als Lehrer zu arbeiten („Nee, das könnte ich nicht. Die Schüler sind doch heute so schwierig und aggressiv!").

## Sechs Stressfaktoren im Detail

Eine Unterscheidung in systemimmanente und persönliche Ursachen für Stress ist nötig, um zu entscheiden: Was kann ich tun? Welche Veränderungen liegen in meiner Hand, welche nicht? Sich über Dinge zu ärgern, deren Veränderung nicht in der eigenen Hand liegt, erhöht den Stress nochmals um ein Vielfaches.

### 1. Widersprüchliche Rollenerwartungen

Zu den im Kapitel *„Klassenführung – wie macht man das?" (S. 7)* genannten grundsätzlichen Rollenbildern und den dazugehörigen Erwartungen eines Verwalters oder Führers einer Schülergruppe kommen andere, weitere hinzu:

- Soll ich an Schülern mehr persönliches Interesse zeigen oder zu ihnen eher Distanz halten?
- Soll gerechtes Verhalten bedeuten, dass ich alle gleichbehandle oder muss ich von individueller Differenzierung ausgehen?
- Soll ich mich eng an Lehrpläne halten oder gebe ich aktuellen und von Schülern gewünschten Inhalten Raum?

  *Und das ist nur ein beispielhafter, kleiner Teil der systemischen Widersprüche, mit denen umzugehen ist.*

„[…] ein professionelles persönliches Leitbild der Lehrerrolle zu finden, in dem man sich mit seinen Schwächen und Stärken verwirklichen kann, ist schwierig und führt häufig dazu, dass Lehrkräfte gleichzeitig unterschiedliche und widersprüchliche Rollenerwartungen erfüllen möchten, was zu Überforderung führen kann.
Erschwerend ist in diesem Zusammenhang eine grundsätzlich wenig ‚fehlertolerante' Einstellung bei Lehrerinnen und Lehrern. Als ‚Spezialistinnen und Spezialisten für Fehlersuche' haben sie eher gelernt, auf die Defizite zu achten. Wenn sie diese Haltung auch auf ihre Arbeit übertragen, ist die Folge häufig Ängste davor, Erwartungen und Ansprüche nicht zu erfüllen."[2]

**2. Alltägliche Schwierigkeiten**

- Empfindung allgemeinen Leistungsdrucks
- Belastung durch Lärm und Unruhe
- schwierige Schüler, schwierige Klasse; zunehmende Verhaltensauffälligkeiten bei den Schülern
- Probleme mit den Kollegen oder der Schulleitung
- Korrekturdruck bei Klassenarbeiten/Tests in bestimmten Fächern
- nervende Eltern
- Mentoren oder Schulleiter, die alles besser wissen
- Gefühl von Ohnmacht durch das Wissen, Schülern, die sozial belastet sind oder Lernschwierigkeiten haben, nicht helfen zu können

**3. Organisatorische Misslichkeiten**

- zu große Klasse (Eine Hilfe könnte sein, die Klasse in Arbeits- oder Projektgruppen einzuteilen.)
- zu wenige Stunden in der eigenen Klasse
- zur Aufsicht nicht im Umfeld der Klasse eingesetzt
- nur Einzelstunden, die wenig Zeit lassen, auch mal Dinge neben dem Fachunterricht zu erledigen
- keine Teamarbeit möglich
- kein zuträglicher Arbeitsplatz in der Schule
- keine Rückzugsmöglichkeiten

**4. Enttäuschungen**

Je nach Charakter werden persönliche Kränkungen empfunden, die anderen vielleicht nicht so nahegehen würden. Eine kleine Auswahl:

- Das Fach wird nicht anerkannt oder ist schlecht ausgestattet.
- Stunden laufen nicht wie geplant.
- Schüler, in die man „investiert" hat, „funktionieren" nicht und danken es einem nicht.
- Kollegen oder die Schulleitung verhalten sich unkooperativ.
- Es entsteht Überlastung durch immer neue Vorschriften (Richtlinien und Erlasse von Landesbehörden und Schulämtern; aufwändige Regelungen der eigenen Schule usw.).
- Es kommt zu Enttäuschung über mangelnde Anerkennung und fehlendes Verständnis durch Politik und Gesellschaft.

**5. Das eigene Zeitmanagement**

- Vorbereitungen wurden nicht mit Überblick und flexibel geplant.
  *Viele Konflikte entstehen durch mangelnde Vorbereitungen:*
  - *sich vor der roten Ampel überlegen, was heute unterrichtet werden soll*
  - *noch schnell vor Unterrichtsbeginn Arbeitsblätter kopieren*
  - *übersehen, Still- und Selbstarbeitsphasen im Unterricht einzuplanen*

- *keine (spielerischen) Ideen für Vertretungsstunden oder die Restzeiten einer Unterrichtsstunde*

*Andererseits sind wiederum zu eng gesteckte Unterrichtsziele auch konfliktträchtig, weil die Schüler sich durch den Stoff „gejagt" fühlen und keine Zeit für entspannende Phasen oder selbst gewählte Projekte da ist.*

- Sie sind zu spät in der Schule erschienen und tanzen gehetzt um den Kopierer.
- Sie haben Ihre Erreichbarkeit nicht reduziert und soziale Netzwerke auf Sinn überprüft (WhatsApp: ja oder nein?).
- Es wurde nicht versucht, den Stundenplan zu optimieren (Gespräch mit den Stundenplan-Machern, Tausch mit Kollegen).
- Pausen wurden nicht auch mal als Pausen genutzt, sondern es wurde stetig geschäftig dies und das erledigt.
- Sie haben nicht resoluter zwischen Arbeit und Freizeit unterschieden.
- Sie haben keine Zeit für die eigene Familie, für Freunde und Erholung eingeplant.

Grundsätzlich: Es reduziert den Stress, sich intensiver mit einer Veränderung hin zu einer effektiveren Zeitplanung zu beschäftigen![3]

### 6. Auf seinem Stil bestehen

Unterrichtsweisen und persönliches Auftreten, die erfolgreich und zufriedenstellend sind (und zudem von den Schülern begrüßt werden), sollte man sich nicht ausreden lassen.

#### Fallbeispiel: Den „Autoritäten" ist meine Arbeitsweise nicht vertraut

Mit meiner 5. Klasse hatten wir einen Schüler-Unterricht über Ägypten (Geschichte) mit einer Moderationsmethode erarbeitet. Nachdem einzelne Gruppen emsig diverse Themen erarbeitet hatten, klebten sie Kurzaussagen zu ihrem Thema in ein Raster an der Tafel und berichteten über ihre Ergebnisse. Ich war stolz – das hatte ja mal richtig geklappt.

Der Schulaufsichtsbeamte – der über meine Beförderung befinden sollte – aber war betrübt: Es tue ihm wirklich leid, aber da müsse er noch einmal wiederkommen, weil er mich nicht beim Unterrichten gesehen habe.

Er hatte wohl verunsichert auf das leere Pult geschaut und mich nur (!) beim Gespräch in verschiedenen Gruppen beobachtet. Aber das war ihm nicht genug Frontalunterricht. Ich habe eine Wiederholung abgelehnt, ihn auf die schlüssig hergeleitete, schriftliche Vorbereitung verwiesen – er hatte keine Argumente, die wirklich zogen, und hat sich schließlich überzeugen lassen.

Jene Leute, die in Ministerien, Bezirksregierungen und Schulämtern Akten bearbeiten, müssen selbst keine Kinder und Jugendlichen führen. Das ist unsere Aufgabe und dafür sollten wir unsere Kreativität und Freiheit nutzen. Also: Keine Angst vor individuellen Lösungen und Stirnrunzeln bei Nicht-Praktikern! Eine zur Hebung von Spaß und Freude in der Klasse „verschenkte" Stunde zahlt sich vielfältig aus.

# Klarheit über sich gewinnen

Um sich selbst einen Überblick über die eigenen Belastungen zu verschaffen, lohnt es sich u. U., Notizen im Verlauf der Woche oder des Monats zu machen. So kann man – abgesehen vom täglichen Stress – nach einiger Zeit die Schwerpunkte des Missbehagens erkennen, sie dann mit vertrauten Kollegen besprechen und Abhilfe organisieren. Das könnte vielleicht der Beginn einer entlastenden Veränderung sein.

## Selbstanalyse

Das leuchtet sofort ein: Eine annähernd objektive Selbstanalyse ist wohl eine der schwierigsten Unternehmungen. Zu sehr kleben wir oft an den Selbstbildern, die wir selbst entwickelt haben oder die uns von anderen angeheftet wurden. Deshalb setzt eine Selbstanalyse schon einigen Mut voraus und ein uneitles Anschauen der eigenen Person.
Zwei der relevantesten Fragen drehen sich um die **Kenntnis meiner Stärken und Schwächen** (z. B.: Kann ich Grenzen setzen und Respekt einfordern? Wenn es sich um Stärken handelt – wie habe ich davon Gebrauch gemacht? Wenn es um Schwächen geht – wie habe ich versucht, sie zu kompensieren?[4]) und um den Umgang mit (angeblich?) **schwierigen Menschen**.
Der Psychologe Helmut Reuter schlägt vor, sich die Frage zu stellen: „Wer sind eigentlich ‚schwierige Menschen'? Sind sie ‚an sich' ‚schwierig'? Sind sie es für alle anderen außer mir auch? […] Die Einschätzung, ob jemand ‚schwierig' ist, hängt oft von Situationen ab und weniger vom ‚Charakter' des Gegenübers – auch wenn wir das gelegentlich vermuten."[5] Man sei problematischen Mitmenschen nicht ausgeliefert, sondern habe viele Möglichkeiten für den Umgang mit ihnen.[6]
*Es wird empfohlen, sich bei Interesse den Diagnosebogen „Linzer Diagnosebogen zur Klassenführung" zu besorgen. Die Verfasser haben die Fragen zur Selbstanalyse des Klassenlehrers nach weiblichen und männlichen Nutzern spezifiziert.*[7]

# Energieverteilung und „Work-Life-Balance"

Die Floskel ist in aller Munde. Meist wird sie verstanden als die Ausgewogenheit zwischen Arbeits- und Privatleben. Diese simple Gegenüberstellung schafft aber ein Verständnisproblem und greift zu kurz. Ist Arbeit nicht auch „Leben"? Deshalb müsste es eigentlich heißen: förderlicher Ausgleich zwischen Arbeits-, Freizeit-, Familien- und Individualphasen, zwischen notwendiger und gern gemachter Arbeit, zwischen körperlicher und geistiger Anspannung und Entspannung, zwischen Aktivität und Ruhe.

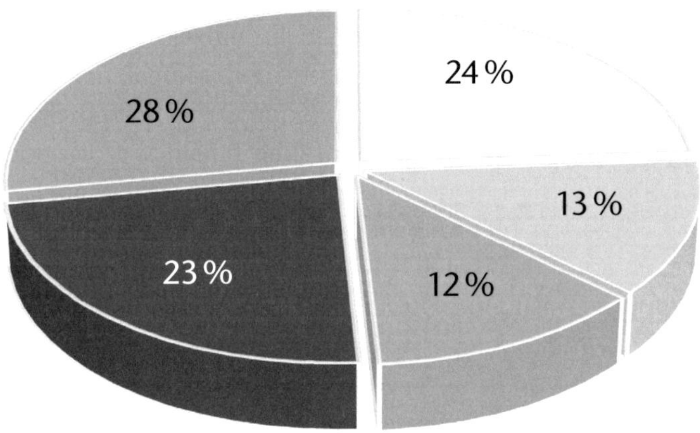


| | | | |
|---|---|---|---|
| Unterricht | 24 % | Häusliche Arbeiten | 23 % |
| Schulgeschäfte | 13 % | Freie Zeit | 28 % |
| Vor- und Nachbereitung, Korrekturen | 12 % | | |



*Energie-Torte*

Deshalb könnte es nützlich sein, wenigstens grob zu analysieren, wohin die eigene Energie fließt, ob sie ausgewogen verteilt wird. Dazu liefert die sogenannte „Energie-Torte" eine mögliche Hilfe. Sie ist ein einfaches Mittel, den eigenen Energieverbrauch zu visualisieren und über das Verhältnis des jeweiligen Einsatzes zu einem sinnvollen Ganzen nachzudenken.
Dazu schätzt man grob die Prozentanteile der jeweiligen Aktion in einer Woche und stellt sie als Tortenstücke dar.

1. Unterricht
2. Schulgeschäfte (Konferenzen u. Ä.)
3. Vor- und Nachbereitung, Korrekturen
4. Häusliche Arbeiten
5. Freie Zeit

Schlussendlich müssen nicht nur Lehrer, sondern im Grunde genommen jeder arbeitende Mensch sich ab und zu diese Gretchen-Fragen stellen: Liebe ich meinen Beruf überhaupt? Ist es das, was ich wirklich gern mache? Oder schärfer: Arbeite und verschleiße ich mich im falschen Beruf?

# Hilfen einfordern und annehmen

Nun hat sich ja selten ein Problem gelöst, indem man den Kopf in den Sand steckt und auf bessere Zeiten wartet. Ein Schuss Mut und Aktivität muss auch der genervte Pädagoge aufbringen – denn es gibt sehr wohl Abhilfe für fatale Lagen. Was kann man tun?

- Man kann konsequent gegen Störer vorgehen.
- Man kann die Schulleitung um Zuweisung anderer Lerngruppen bitten (ggf. Personalrat einschalten).
- Man kann auch von der Aufgabe der Klassenleitung entbunden werden.
- Man kann Fortbildungen belegen, die sich mit dem Problem befassen.
- Man kann psychologisch-therapeutische Hilfe verschrieben bekommen.
- Man kann Gesprächsgruppen suchen und Unterstützung erfahren (z. B. Balintgruppen).

**„Analytische Fallarbeit – Balintgruppe**
Anliegen der Balintgruppenarbeit ist, das eigene berufliche Handeln auf psychoanalytischer Grundlage zu bearbeiten, um die unbewussten Mechanismen im Beziehungsgeschehen zu verstehen. In der Balintgruppe werden ‚Fälle' aus dem Schulalltag berichtet. Durch freies Assoziieren wird es möglich, unbewusste Aspekte des Handlungsgeschehens zu erfassen. Neue Erkenntniszusammenhänge entstehen, die der Falleinbringer für sein weiteres Handeln nutzen kann."[8]

Ist das Problem tiefer gehend und wird zu einer Variante des Burnouts, ist nachdrückliche Hilfe geboten: „Burnout-Patienten verlieren mit der Zeit die Fähigkeit zur Regeneration. Um aus dem ständigen Zustand der Erschöpfung wieder herauszukommen, empfehlen Experten ihnen Abstand von der Ursache ihrer Erschöpfung und mehr Freizeitaktivitäten, in denen die Betroffenen wieder zu sich selbst finden können. Die Krankenkassen bezahlen in aller Regel eine festgelegte Stundenanzahl für Psychotherapie und stationäre Heilbehandlungen. Auch eine mehrwöchige Kur in einer psychosomatischen Klinik kann mit der Hilfe des behandelnden Arztes beantragt werden. Kunden der privaten Krankenversicherung sollten unbedingt vor Therapiebeginn eine schriftliche Zusage zur Kostenübernahme von ihrer Versicherungsgesellschaft anfordern. Abhängig vom vereinbarten Versicherungsvertrag bieten die privaten Versicherer entweder umfassendere Leistungen als die gesetzlichen Kassen oder sie schließen die Kostenübernahme für psychiatrische Behandlungen von Vornherein komplett aus."[9]

Man empfindet deutlich: Manch schwierige Lebenssituationen sind nicht so leicht aufzulösen. Nur ohne den entschiedenen Willen, seine berufliche Lage zu verbessern und mit der Arbeit wieder einigermaßen zufrieden leben zu können, geht es nicht! Oder wie wäre es – in weniger schwierigen Fällen – mit dem Einsatz der **„kölschen Lösung"**? Meine Kollegen und ich haben gute Erfahrungen mit einem Verhalten gemacht, welches aus einem unbekümmerten rheinischen Frohsinn und einer entspannten Laissez-faire-Haltung geboren wird. Man überblickt die schwierige Lage gelassen, hört freundlich zu und nickt den Fordernden zu, kündigt Schritte in die gewünschte Richtung an – tut aber nichts, als gelöst auszuatmen und sich an schöne Situationen zu erinnern.
Sich selbst und den Erwartungsdruck nicht so wichtig zu nehmen, sich nicht alle Verantwortung für ein Gelingen aufzuladen, etwas nicht allzu schwer nehmen – das kann auch den Druck erleichtern.

An der Wand unseres Teamraums hing immer deutlich lesbar der dem amerikanischen Theologen Reinhold Niebuhr zugeschriebene bekannte Spruch: „Gott gebe mir die Gelassenheit, Dinge hinzunehmen, die ich nicht ändern kann, den Mut, Dinge zu ändern, die ich ändern kann, und die Weisheit, das eine vom anderen zu unterscheiden."[10]

[1] Frank, Heike: Lehrer am Limit. Gegensteuern und durchstarten. Ein Lehrer-Ratgeber mit Sofortwirkung und Langzeiteffekt, Beltz Verlag: Weinheim und Basel, 2010, S. 40 (Hervorhebung durch den Autor)

[2] Nieskens, Birgit; Rupprecht, Silke; Erbring, Saskia: Was hält Lehrkräfte gesund? Ergebnisse der Gesundheitsforschung für Lehrkräfte und Schulen. In: DAK-Gesundheit & Unfallkasse NRW (Hrsg.): Handbuch Lehrergesundheit – Impulse für die Entwicklung guter gesunder Schulen. Carl Link: Köln 2012, S. 84, *www.handbuch-lehrergesundheit.de/downloads/Handbuch-Lehrergesundheit.pdf*

[3] Vgl. Oppolzer, Ursula: Zeitmanagement im Lehrerberuf. Effektive Strategien für einen organisierten (Schul-)Alltag, Verlag an der Ruhr: Mülheim an der Ruhr 2014

[4] Vgl. Klaffke, Thomas: Klassen führen – Klassen heilen. Beziehungen, Lernen, Classroom Management, Klett Kallmeyer: Seelze 2013

[5] Reuter, Helmut: Zwischen Anpassung und Widerstand: Vom Umgang mit schwierigen Menschen. Vorveröffentlichung zum Vortrag (08.03.18) im studio dumont, Köln; Textauszug: „Kölner Stadtanzeiger – Magazin" Nr. 46, Köln, 23.02.2018, S. 4

[6] Vgl. ebd.

[7] Siehe dazu: Mayr, Johannes; Eder, Ferdinand; Fartacek, Walter; Lenske, Gerlinde; Pflanzl, Barbara: Linzer Diagnosebogen zur Klassenführung – Versionen, *https://ldk.aau.at/pages/versionen*
Der Diagnosebogen wird von der Qualitäts- und Unterstützungsagentur – Landesinstitut für Schule (QUA-LIS NRW) 2016 empfohlen.

[8] Babilon-Tillmann, Barbara: Analytische Fallarbeit – Balintgruppe, *www.suche.lehrerfortbildung.schulministerium.nrw.de/search/detailedSearch?aid=20001819&sid=1*

[9] *www.krankenversicherung.net/burnout* [31.07.2018] © finanzen.de Vermittlungsgesellschaft für Verbraucherverträge GmbH

[10] Reinhold Niebuhr. Übersetzt von Theodor Wilhelm

© ctacik/Fotolia.com

# 13

# Anhang

**Vorlage 1**

# Notentabelle

| ohne Differenzierung | | mit Differenzierung | |
|---|---|---|---|
| % | Note | % | Note |
| 95–100 | 1+ | 95–100 | 1+ |
| 89–94 | 1 | 90–94 | 1 |
| 83–88 | 1- | 85–89 | 1- |
| 77–82 | 2+ | 80–84 | 2+ |
| 71–76 | 2 | 75–79 | 2 |
| 65–70 | 2- | 70–74 | 2- |
| 59–64 | 3+ | 65–69 | 3+ |
| 53–58 | 3 | 60–64 | 3 |
| 47–52 | 3- | 55–59 | 3- |
| 41–46 | 4+ | 50–54 | 4+ |
| 35–40 | 4 | 45–49 | 4 |
| 30–34 | 4- | 40–44 | 4- |
| 25–29 | 5+ | 33–39 | 5+ |
| 20–24 | 5 | 27–32 | 5 |
| 15–19 | 5- | 20–26 | 5- |
| 00–14 | 6 | 00–19 | 6 |





ISBN 978-3-8346-3926-4 | www.verlagruhr.de

**Vorlage 2**

# Konfliktanalyse im Bus

Jan (A) fährt nach der Schule mit dem Bus nach Hause. Er ist müde und hat Hunger. Die letzten Stunden hatte er Sport und jetzt ist er froh, dass noch ein Sitzplatz frei war und er nicht stehen muss.
Frau Gerster (B), eine Nachbarin, kommt vom Einkaufen nach Hause. Ihr ist wegen der Hitze nicht besonders gut. Zudem hat sie Ärger mit ihrem Mann, der am Tag zuvor in der Kneipe versackt ist. Sie will auch gern sitzen, aber kein Platz ist frei. Nachdem sie einige Minuten neben Jan gestanden hat, faucht sie ihn an: „Als ich so jung war wie du, habe ich meinen Platz immer älteren Leuten angeboten. Du hast junge Beine, los, steh auf und lass mich sitzen."
Als Jan nicht gleich reagiert, fasst sie ihn am Ärmel und will ihn vom Sitz zerren. Jetzt mischen sich andere Fahrgäste ein: Micha (C) sagt zu Frau Gerster: „Eh, blöde Kuh, bleib doch zu Hause, wenn du nicht stehn kannst." Er ist immer noch wütend über die Frauen der Nachbarschaft, die sich oft bei seinen Eltern über ihn beschweren. Auch Herr Schneider (D) wird deutlich: „Unverschämtes Pack!", brüllt er die Jungen an. „Euch gehört eins hinter die Löffel!" Dazu hätte er richtig Lust, denn sein Sohn nervt ihn seit Tagen.

## Aufgaben:

1. Bildet für jeden der vier Konfliktbeteiligten eine Gruppe. (*Alternativ:* Jeder Schüler wählt einen der Konfliktbeteiligten aus.)
2. Notiert für die gewählte Person
   a. was sie tut, wie sie sich verhält.
   b. welcher Hintergrund ihr Handeln beeinflusst.
3. Berichtet der Klasse über die Erkenntnisse aus diesem Konflikt.
4. Vergleicht mit eigenen Erlebnissen.

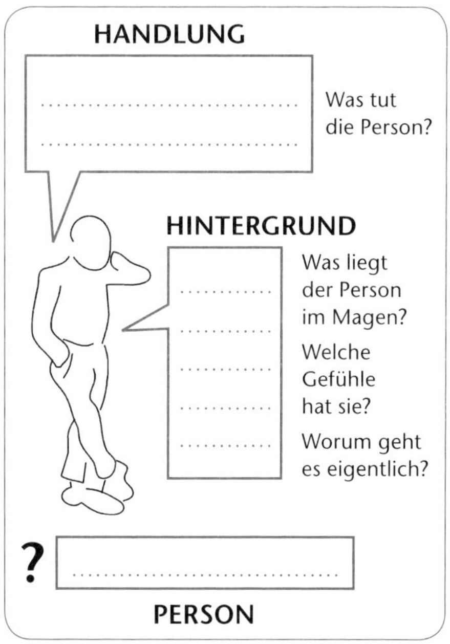





ISBN 978-3-8346-3926-4 | www.verlagruhr.de

**Vorlage 3**

# Mappenführung

### Wie habe ich meine Mappe/meine Hefte geführt?

Mit dieser Liste kannst du selbst herausfinden, ob deine Arbeiten vollständig und gut erledigt sind. Du kannst dabei mit Nachbarn vergleichen.

| Darauf habe ich geachtet: | ja, immer | ja, meistens | nein, das muss besser werden |
| --- | --- | --- | --- |
| **Vollständigkeit** | | | |
| *Inhaltsverzeichnis richtig geführt?* | | | |
| *Arbeitsblätter vollständig?* | | | |
| *Hausaufgaben erledigt, evtl. berichtigt?* | | | |
| *Mitteilungsheft für die Eltern geführt? Unterschriften vollständig?* | | | |
| **Ordnung und Sauberkeit** | | | |
| Seiten richtig nummeriert? | | | |
| Papier ohne Flecken und Eselsohren? | | | |
| Verbesserungen sauber (Tintenkiller)? | | | |
| Unschöne Seiten neu geschrieben? | | | |
| Ordnerrücken oder Heftetikett sauber beschriftet? | | | |

Wenn ich mir für meine Heftführung eine Note geben würde, wäre das ....................

**Vorsätze/offene Aufgaben:**

Was muss ich neu schreiben/gestalten?

..........................................................................................................................................

Welches Material muss ich ersetzen/neu anschaffen?

..........................................................................................................................................



ISBN 978-3-8346-3926-4 | www.verlagruhr.de

**Vorlage 4**

# Stimmungsbild

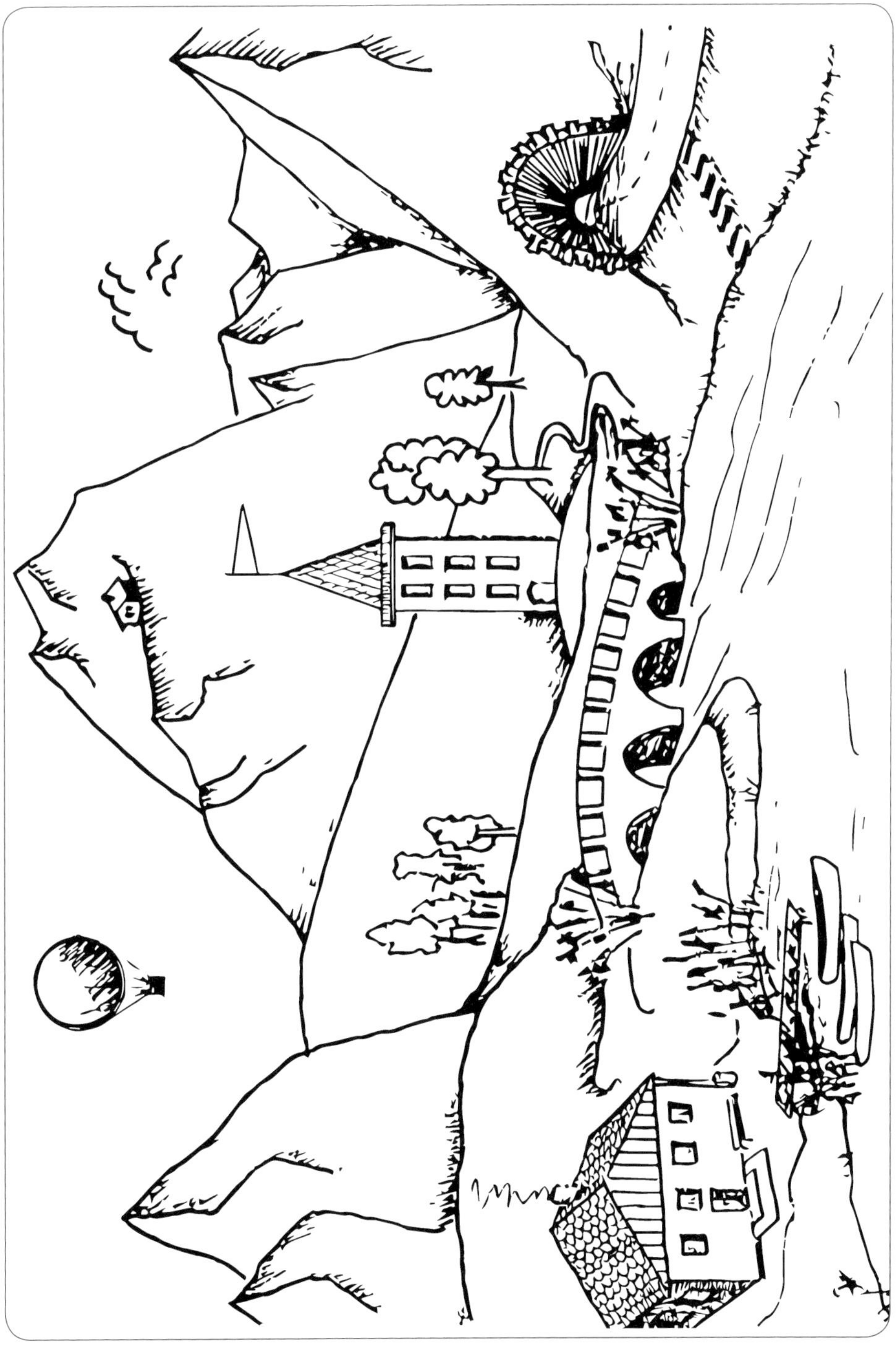

# Übersicht der Downloadmaterialien

## Neue Schüler

1. Materialliste für den 5. Jahrgang
2. Hausaufgabenplan
3. Rallyeplan zur Erkundung der Schule

## Schüler-Befindlichkeit

4. Bemerkungen zum Arbeits- und Sozialverhalten
5. Brief an meinen Klassenlehrer

## Alltagskompetenz und Kopfnoten

6. Zivilisierungsprojekt
7. Bewertung von Kurzprojekten

## Klassenfahrt

8. Ankündigung und Anmeldung für die Klassenfahrt
9. Letzte Vorbereitungen für die Klassenfahrt
10. Mahnung zur Einforderung der Restzahlung
11. Küchenplan für die Klassenfahrt
12. Speiseplan für eine Woche
13. Zimmerbelegung und Verantwortlichkeiten während der Klassenfahrt
14. Hinweise und Regeln für die Klassenfahrt
15. Persönliches Datenblatt für die Klassenfahrt
16. Packliste für Lehrer
17. Packliste für Schüler

## Eltern

18. Wichtige Hinweise für die Hausaufgabenbetreuung

# Quellenverzeichnis und Literaturtipps


## Quellenverzeichnis

*Hesse, Hermann:*
**Stufen: ausgewählte Gedichte.**
Suhrkamp: Frankfurt (Main) 1994.

### Allgemeines zur Schule

*Brokemper, Peter u. a. (Hrsg.):*
**Menschen – Zeiten – Räume. Arbeitsbuch für Gesellschaftslehre, Differenzierende Ausgabe NRW, Band 1: 5./6. Schuljahr.**
Cornelsen Verlag: Berlin 2013.

*Pollinger, Melanie:*
**Wir unterrichten Schüler, keine Fächer.**
In: „Main Echo" vom 08.11.2013,
*www.main-echo.de/regional/stadt-kreis-aschaffenburg/art4012,2817264*

*Scoyo-Elternmagazin:*
**Heterogene Lerngruppen – Mehr Vielfalt im Unterricht.**
*www-de.scoyo.com/eltern/schule/heterogene-lerngruppen*

*Singer, Kurt:*
**Der Autor zu seinem Buch „Die Schulkatastrophe: Schüler brauchen Lernfreude statt Furcht, Zwang und Auslese."**
Beltz Verlag: Weinheim 2009.

*Steenberg, Ulrich (Hrsg.):*
**Handlexikon zur Montessori-Pädagogik. Ulmer Beiträge zur Montessori-Pädagogik, Band 4.**
Kinders Verlag: Ulm 2003.

### Berufsvorbereitung

*Brokemper, Peter:*
**Richtig beginnen in Ausbildung und Praktikum. Vom ersten Eindruck bis zur Lösung von Konflikten.**
Verlag an der Ruhr: Mülheim an der Ruhr 2015.

### Klassenführung

*Babilon-Tillmann, Barbara:*
**Analytische Fallarbeit – Balintgruppe**
*www.suche.lehrerfortbildung.schulministerium.nrw.de/search/detailedSearch?aid=20001819&sid=1*

*Bastian, Johannes:*
**Klassenführung. Zur Gestaltung eines Rahmens für lernförderliche Arbeitsbedingungen – partizipativ, kooperativ und individuell.**
In: PÄDAGOGIK 1/2016,
Beltz-Verlag: Weinheim.

*Diepold, Siga (Hrsg.):*
**Sekundarstufe I – Fundgrube Klassenlehrer.**
Cornelsen Scriptor: Berlin 2006.

*Dix, Paul:*
**Erfolgreiches Classroom-Management, Teachers Guide.**
Übersetzerin: Lisa Hucke.
Friedrich-Verlag: Seelze 2011.

*Eichhorn, Christoph:*
**Classroom-Management. Wie Lehrer, Eltern und Schüler guten Unterricht gestalten.**
Klett-Cotta: Stuttgart 2012.

*Friedrichs, Birte; Schubert, Nele:*
**Das Klassenlehrer-Buch für die Sekundarstufe.**
Beltz Verlag: Weinheim und Basel 2013.

*Füller, Christian:*
**Schulen sind in Wahrheit Kasernen. Interview mit dem Architekten Peter Hübner.**
In: „taz" vom 12.02.2009. Berlin.
*www.taz.de/!5168012/*

*Götsch, Monika:*
**Strafen nutzen sich ab. Interview mit dem Psychiater Joachim Bauer.**
In: „taz" vom 11.04.2007,
*www.taz.de/!295115/*

*Henry-Ford-Realschule Köln:*
**Klassenlehrerstunde.**
*http://henry-ford-realschule.de/PDF/Klassenlehrerstunde.pdf*

*Klaffke, Thomas:*
**Klassen führen – Klassen heilen. Beziehungen, Lernen, Classroom Management.**
Klett Kallmeyer: Seelze 2013.

*Landesinstitut für Schule und Medien Berlin-Brandenburg (LISUM):*
*http://bildungsserver.berlin-brandenburg.de/*
*Anregungen zur Führung eines Logbuches auf dem Berlin-Brandenburger Bildungsserver. Stichwort „Logbuch" in die Suchmaske eingeben.*

*Mayr, Johannes:*
**Führungskräfte im Klassenraum. Erfolgreiche Strategien der Klassenleitung erkennen und entwickeln.**
In: Friedrich Jahreshefte XXV 2007,
Friedrich Verlag: Seelze.

*Meyer, Hilbert:*
**Zehn Merkmale guten Unterrichts. Empirische Befunde und didaktische Ratschläge.**
In: PÄDAGOGIK 10/2003,
Beltz Verlag: Weinheim.

*Ministerium für Schule und Bildung des Landes Nordrhein-Westfalen:*
a) **§ 48 SchulG NRW.** Düsseldorf 2016. *www.schulministerium.nrw.de/docs/Recht/Schulrecht/Schulgesetz/Schulgesetz.pdf*
b) **§ 52 SchulG NRW.** Düsseldorf 2016. *www.schulministerium.nrw.de/docs/Recht/Schulrecht/Schulgesetz/Schulgesetz.pdf*
c) **Fragen und Antworten zum Thema Schulfahrten.** *www.schulministerium.nrw.de/docs/Recht/Schulrecht/Schulfahrten/Fragen-und-Antworten/index.html*

*Mittelstädt, Holger und Rainer; Tewes, Ferdinand:*
**99 Tipps für Klassenlehrer. Praxis-Ratgeber Schule für die Sekundarstufe I.**
Cornelsen Scriptor: Berlin 2012.

*Muth, Jakob:*
**Integration von Behinderten. Über die Gemeinsamkeit im Bildungswesen.**
Neue Deutsche Schule Verlagsgesellschaft mbH: Essen 1986.

*Niedersächsisches Landesinstitut für schulische Qualitätsentwicklung:*
**Klare Strukturierung des Unterrichts.**
*http://wordpress.nibis.de/stslgso/files/10Merkmale.pdf*

*Schönbächler, Marie-Teres:*
**Klassenmanagement. Situative Gegebenheiten und personale Faktoren in Lehrerpersonen- und Schülerperspektive.**
Haupt Verlag: Bern 2008.

*Schulte, Michael:*
**Schulwanderung, Schulfahrt und Klassenfahrt.**
*www.gew-nrw.de/schulfahrt-arbeitsplatz.html*

*Schumann, Marco:*
**Zuschüsse und Kostenübernahmen beantragen.**
*www.schulfahrt.de/ratgeber/reiseplanung/zuschuesse-und-kostenuebernahmen-beantragen-220.php*

*Tiemann, Carmen:*
**Klassenführung und eigenverantwortliches Handeln.**
In: PÄDAGOGIK 1/2016, Beltz-Verlag: Weinheim 2016.

*Tuckman, Bruce W.:*
**Development sequence in small groups.**
In: Psychological Bulletin, Volume 63, Number 6, 1965.

## Eltern

*Prof. Dr. Killus, Dagmar:*
**Elternarbeit = Eltern machen Arbeit? Wechselwirkung zwischen Elternhaus und Schule.**
PDF einer Fortbildungsveranstaltung für Schulleiterinnen und Schulleiter der Gemeinschaftsschulen.
Bad Segeberg, Oktober 2016.
*www.schleswig-holstein.de/DE/Landesregierung/IQSH/Arbeitsfelder/Fuehrungskraefte/Veranstaltungsdokumentation/Beitraege/2016/Downloads/SLGemS/elternKillus.pdf?__blob=publicationFile&v=2*

*Schaaf, Julia;*
*Thomann, Jörg:*
**Horrorthema Elternabend: Und einer schreibt das Protokoll.**
In: „Frankfurter Allgemeine Zeitung" vom 14.01.2015. Frankfurt.
*www.faz.net/aktuell/gesellschaft/elternabend-und-einer-schreibt-das-protokoll-13363298.html*

## Lehrergesundheit

*Frank, Heike:*
**Lehrer am Limit. Gegensteuern und durchstarten.**
**Ein Lehrer-Ratgeber mit Sofortwirkung und Langzeiteffekt.**
Beltz Verlag: Weinheim und Basel 2010.

*Mayr, Johannes; Eder, Ferdinand; Fartacek, Walter; Lenske, Gerlinde; Pflanzl, Barbara:*
**Linzer Diagnosebogen zur Klassenführung – Versionen.**
*https://ldk.aau.at/pages/versionen*

*Nieskens, Birgit; Rupprecht, Silke; Erbring, Saskia:*
**Was hält Lehrkräfte gesund? Ergebnisse der Gesundheitsforschung für Lehrkräfte und Schulen.**
In: DAK-Gesundheit & Unfallkasse NRW (Hrsg.): Handbuch Lehrergesundheit – Impulse für die Entwicklung guter gesunder Schulen.
Carl Link: Köln 2012, S. 84.
*www.handbuch-lehrergesundheit.de/downloads/Handbuch-Lehrergesundheit.pdf*

*Oppolzer, Ursula:*
**Zeitmanagement im Lehrerberuf. Effektive Strategien für einen organisierten (Schul-)Alltag.**
Verlag an der Ruhr: Mülheim an der Ruhr 2014.

*Reuter, Helmut:*
**Zwischen Anpassung und Widerstand: Vom Umgang mit schwierigen Menschen.**
Vorveröffentlichung zum Vortrag (08.03.18) im studio dumont, Köln.
Textauszug in: „Kölner Stadtanzeiger Magazin" Nr. 46, Köln, 23.02.2018.

*www.krankenversicherung.net/burnout [31.07.2018]*
© finanzen.de Vermittlungsgesellschaft für Verbraucherverträge GmbH

## Leistungsmessung

*Gesamtschule Marienheide:*
**Notentabelle.**
*www.gesamtschule-marienheide.de/?page_id=173*

*Paradies, Liane;*
*Wester, Franz;*
*Greving, Johannes:*
**Leistungsmessung.**
Cornelsen Scriptor: Berlin 2012.

*Thurn, Susanne:*
**Leistungsbewertung und Vielfalt.**
In: PÄDAGOGIK 9/2017, Weinheim: Beltz Verlag.

## Schülermitwirkung

*Blum, Eva;*
*Blum, Hans-Joachim:*
**Der Klassenrat. Ziele, Vorteile, Organisation.**
Verlag an der Ruhr: Mülheim an der Ruhr 2012.

*Verlemann, Stefan;*
*Zilske, Thorben:*
**Schüler werden Pausenhelfer. Ein Konzept für die Mittagsfreizeit in der Ganztagsschule.**
Verlag an der Ruhr: Mülheim an der Ruhr 2011.

*Winter, Ann-Sophie;*
*Brandl, Eva:*
**Nützliches und Wissenswertes – rund um Schule und SMV.**
Überarbeitung: Burger, Heinz; Meingast, Doris; Wengel, Gottfried. In: Bayerisches Staatsministerium für Bildung und Kultus, Wissenschaft und Kunst: „Neugierig, kreativ, engagiert – Handbuch für Schülervertreter“, 3. bearbeitete Auflage 2016, S. 100.

## Sozialtraining

*Bründel, Heidrun;*
*Simon, Erika:*
**Die Trainingsraummethode. Unterrichtsstörungen – klare Regeln, klare Konsequenzen.**
Beltz Verlag: Weinheim und Basel 2013.

*Bundeszentrale für gesundheitliche Aufklärung (Hrsg.):*
**Achtsamkeit und Anerkennung – Materialien zur Förderung des Sozialverhaltens in den Klassen 5–9.**
Köln 2006.

*Dutschmann, Andreas:*
**Das Konfliktlösungstraining für Eltern und Pädagogen (KLT). Lösungsstrategien, Tipps und Tricks.**
Borgmann Media, SolArgent Media AG: Basel 2005.

*Ermert-Heinz, Mechthild; Bürgermeister, Martina; Kossack, Ricarda:*
**Klassenführung und der Umgang mit Störungen.**
In: PÄDAGOGIK 1/2016, Beltz-Verlag: Weinheim 2016.

*Freund, Andrea:*
**„Wir brauchen Liebeskunde in der Schule".**
In: „Frankfurter Sonntagszeitung", Nr. 48, Frankfurt 03.12.2017, S. 23.

*Gieritz, Volker:*
**Was dürfen Lehrer?**
In: „Focus online" vom 04.06.2012.
*www.focus.de/familie/rechte/was-duerfen-lehrer-unterricht_id_2030293.html*

*Hillenbrand, Clemens; Pütz, Kathrin:*
**KlasseKinderSpiel**
(Adaption aus dem amerikanischen „Good Behaviour Game" von Barish, Saunders und Wolf 1969), aus der Dokumentation: Bartsch, Stefanie: Auf die Lehrkräfte kommt es an! 31. Pädagogische Woche der Universität Oldenburg. Wertschätzender und klarer Umgang bei herausforderndem Verhalten von SchülerInnen im Unterricht und anderswo, Osnabrück 2014.
*www.zfsl-dortmund.nrw.de/Lehrerausbildung_auf_dem_Weg_zur_inklusiven_Schule/Handreichungen/Uni_Oldenburg_Handout_wertschaetzender_Umgang_mit_SuS.pdf*

*Jefferys-Duden, Karin:*
**Das Streitschlichter-Programm. Mediatorenausbildung für Schülerinnen und Schüler der Klassen 3 bis 6.**
Beltz Verlag: Weinheim und Basel 2008.

*Kindler, Wolfgang:*
**Mit Schülerkonflikten richtig umgehen. Tipps für Lehrer in kritischen Situationen.**
Verlag an der Ruhr: Mülheim an der Ruhr 2010.

*Kreis Borken/Regionale Schulberatungsstelle (Hrsg.):*
**Verstärkerpläne wirkungsvoll einsetzen.**
Borken 2014.
*www.rsb-borken.de/fileadmin/Ressourcen/Veroeffentlichungen/Verstaerkerplaene/Verstaerkerplaene Final.pdf*

*Recum, Sabine van:*
**Lions-Quest – Eine kurze Einführung: Das beste Patent? Lebenskompetent!**
In: Hilfswerk der Deutschen Lions e.V.: Erwachsen werden.
*www.lions-quest.de/home/erwachsenwerden/das_programmim_ueberblick/lions_quest_eine_kurze_einfuehrung.html*

*Torpak, Ahmet:*
**Jungen und Gewalt:**
**Die Anwendung der Konfrontativen Pädagogik mit türkischstämmigen Jungen.**
Springer Verlag: Berlin 2015.

## Teamarbeit

*Sadigh, Parvin:*
**Gut in Teamarbeit.**
In: „zeit-online" vom 21.11.2017.
*www.zeit.de/gesellschaft/schule/2017-11/pisa-teamarbeit-schueler-soziale-kompetenz*

# Literaturtipps

*Christiani, Reinhold;*
*Metzger, Klaus Martin (Hrsg.):*
**Fundgrube Klassenführung – Das Nachschlagewerk für jeden Tag.**
Reihe: Lehrerbücherei Grundschule.
Cornelsen Scriptor: Berlin 2007.

*Damman, Maja:*
**Schulstart für Lehrer. Ein Praxisbuch.**
Wissenschaftliche Buchgesellschaft: Darmstadt 2013.

*Ehinger, Wolfgang;*
*Hennig, Claudius:*
**Das Elterngespräch in der Schule: Von der Konfrontation zur Kooperation.**
Auer-Verlag: Hamburg 2006.

*Eichhorn, Christoph:*
**Die Klassenregeln. Guter Unterricht mit Classroom-Management.**
Klett-Cotta: Stuttgart 2014.

*Gegier, Birgit:*
**111 Ideen für die aktive Pausengestaltung.**
Sport-, Spiel- und Organisationsideen für drinnen und draußen.
Verlag an der Ruhr:
Mülheim an der Ruhr 2010.

*Gordon, Thomas:*
**Die Lehrer-Schüler-Konferenz. Wie man Konflikte in der Schule löst.**
Heyne-Verlag: München 2012.

*Hesberg, Bärbel von:*
**Klassenlehrer/-lehrerin. Worauf man achten sollte.**
In: Schulmagazin 5–10, Heft 5.
Cornelsen Verlag: München 2006.
*Dort findet man umfängliche Listen zu Schulbeginn und Beratungsabläufen.*

*Hillmayr, Delia; Reinhold, Frank;*
*Ziernwald, Lisa; Reiss, Kristina:*
**Digitale Medien im mathematisch-naturwissenschaftlichen Unterricht der Sekundarstufe. Einsatzmöglichkeiten, Umsetzung und Wirksamkeit.**
Zentrum für internationale Bildungsvergleichsstudien (ZIB), Technische Universität München (TUM).
Waxmann Verlag:
Münster, New York, 2017.

*Hoegg, Günther:*
**Gute Lehrer müssen führen: Mit Schiedskarten für ihren Unterricht.**
Beltz Verlag: Weinheim 2012.

*Kahl, Reinhard:*
**Treibhäuser der Zukunft.**
**Wie in Deutschland Schulen gelingen.**
Produktion: Archiv der Zukunft: Hamburg 2004.
*Dieses Buch mit DVDs über konkrete Unterrichtssituationen und Lernarrangements ist sehr zu empfehlen.*

*Prof. Dr. Killus, Dagmar;*
*Paseka, Angelika (Hrsg.):*
**Mit Eltern arbeiten.**
Cornelsen Schulverlage: Berlin 2014.
*Hier findet man auch Kopiervorlagen zum Download.*

*Kirstein, Nikolaus;*
*Augendopler, Heidrun:*
**Gesund bleiben im Lehrerjob.**
Cornelsen Schulverlage: Berlin 2015.
*Der Titel ist zwar in einer Grundschul-Reihe erschienen, aber stufenunabhängig zu gebrauchen.*

*Knauer, Sabine;*
*Durdel, Anja (Hrsg.):*
**Die neue Ganztagsschule.**
**Gute Lernbedingungen gestalten.**
Beltz Verlag: Weinheim 2006.

*Kounin, Jacob S.:*
**Techniken der Klassenführung.**
Neuauflage in Band Nr. 3 der Reihe: Standardwerke aus Psychologie und Pädagogik – Reprints, von Detlef H. Rost (Hrsg.)
Waxmann Verlag: Münster, New York 2006.

*Kowalcyk, Walter;*
*Deister, Winfried:*
**99 Tipps Störungsfreier Unterricht.**
Cornelsen Scriptor: Berlin 2009.

*Lenske, Gerlinde;*
*Mayr, Johannes:*
**Das Linzer Konzept der Klassenführung (LKK).**
Jahrbuch für Allgemeine Didaktik 2015.
Schneider Verlag Hohengehren: Baltmannsweiler 2015.

*Leppert, Ursula:*
**Ich hab eine Eins! Und du? – Von der Notlüge zur Praxis einer besseren Lernkultur.**
München: uni-online-press 2010.

*Lohmann, Gert:*
**Mit Schüler klarkommen – Professioneller Umgang mit Unterrichtsstörungen und Disziplinkonflikten.**
Cornelsen Scriptor: Berlin 2011.

*Muth, Jakob:*
**Pädagogischer Takt.**
**Monographie einer aktuellen Form erzieherischen und didaktischen Handelns.**
Quelle & Meyer: Heidelberg 1967.

*Rogers, Bill:*
**Classroom Management.**
**Das Praxisbuch.**
Beltz Verlag: Weinheim und Basel 2013.

*Singer, Kurt:*
**Lehrer-Schüler-Konflikte gewaltfrei regeln.**
Erziehungsschwierigkeiten und Unterrichtsstörungen als Beziehungsschwierigkeiten bearbeiten.
Beltz Verlag: Weinheim 1996.
*Das Buch ist schon älter, hat aber einen interessanten Ansatz.*

*Winkel, Rainer:*
**Der gestörte Unterricht – Diagnostische und therapeutische Möglichkeiten.**
Schneider Verlag Hohengehren: Baltmannsweiler 2011.